存在的藝術

藉由創造性自我覺察，實踐生活的藝術，
達到眞正的快樂與幸福

The Art of Being

Erich Fromm

埃里希・佛洛姆——著 梁永安——譯

佛洛姆博士的生命智慧：

所有偉大的人類導師都會得出本質上相同的生活規範：要達到最理想的存在條件，必須擺脫貪婪、錯覺和憎恨，追求愛與慈悲。

被非理性激情驅使的人會失去客觀的能力，必然任由激情擺布：他會認為自己所說的是真話，會以合理化說詞來自圓其說。

克服那種不需要大師、嚮導和楷模的天真想法，不要以為你可以在一生中找出人類最偉大的心靈幾千年來的所有發現——他們每一位都繼承了前輩留給他們的智慧和經驗。

文字本身並沒有任何真實性，它的真實性必須得自上下文，以及得自作者的意圖和性格。如果以單向思維去閱讀，不去深入理解，文字就會隱藏觀念，而不是傳達觀念。

如果無法避免與壞同伴來往，一個人也應該避免被欺騙：他應該要能看出友好面具背後的不真誠，看出無止境地抱怨不快樂背後的破壞性，以及看出魅力背後的自戀。

即便別人不理解我們的行為又如何？他們要求我們只做他們能理解的事，其實是企圖要我們唯命是從。

人能否在世界上牢牢立足，取決於他認識現實的準確度。對現實的認識越不準確，人越會感到喪失方向，越沒有安全感，需要尋求偶像，透過依賴偶像來找到安全感。

歸根結柢，注意力難以集中是當代生產和消費體系整個結構所造成的後果。人的工作越是操作機器，或越是負責擔任機器還不能完成的工序，集中注意力的機會就越少。工作的單調使得注意力無法真正集中。

只有最膚淺、最隔絕的生活才可能不需要做決定，儘管做艱難的抉擇會讓人產生大量神經質症狀和身心症狀（如潰瘍或高血壓，它們是無意識衝突的表徵）。但如果一個人還沒有完全失去感覺的能力，如果他還沒有變成一個機器人，就幾乎無法避免面臨痛苦的抉擇。

興趣的形成意味著「跳入其中」，不再是個局外人或旁觀者，不再是個和所看見物事有隔閡的人。

一導讀一

聽吧！具備革命品格的靈魂！

——二十一世紀還需要或配得佛洛姆嗎？

蘇俊濠（哈理斯 Harris，諮商心理師）

人本主義精神分析心理學家佛洛姆（Erich Fromm）給世人留下「藝術三部曲」：成書最早且備受傳頌的《愛的藝術》（1956）；於一九八〇年去世前未能完筆，主要探討精神分析技術的《聆聽的藝術》（1994）；以及從《擁有還是存在？》（1976）中撤下一大部分卻無法等到他親自修訂，最終由助手芬克（Rainer Funk）編輯出版的《存在的藝術》（1993）。

要懂得愛，人必須全心聆聽彼此作為人的存在，此存在指向血肉之軀裡的靈魂（*seele*）。有一種關於靈魂何時才與肉身結合的神學爭論，即人何時才成為真實意義上的人。是受精的當下？還是出生的瞬間？某位神祕主義者說過，靈魂不是給定的，人需要拚命追尋它，方能成為真人。多年來我一直沉思，這「靈魂」及其「追尋」之道是指什麼？

佛洛姆在《存在的藝術》以經驗繪製一套「邁向存在的步驟」——引導人追尋靈魂——的方針，讀者或許疑惑他怎麼一開章便毫不留情地對當時社會的諸多現象，好比自戀、公關、官僚、猥褻、商業化、虛榮自欺等，作出批判！彷彿平日就多產的佛洛姆在年邁之際，變得更迫切地要為世人宣講救贖之道。如果邁向存在的步驟是去執行某種貫穿創造性自我覺察的精神價值，我認為用佛洛姆所說的「革命品格」（revolutionary character）[1]最為適切。

在「大作偽」時代尋覓革命品格的靈魂

「革命」一詞，指向人的心理無法與社會或政治分割，兩者是互相構成的，人的改變難以完全獨立於所處的環境。對社會作出批判，目的是為改變人的心靈結構。這種追求存在樣態之全方位解放的革命，佛洛姆定義為激進的人本主義或革命的人本主義。

至於革命的「品格」，意謂此人是的說是，非的說非，他以批判的情緒來思考、感受、回應，因為其人性（humanity）是統一的（human-unity）。但他絕非某類什麼都挑剔一番的批評家，佛洛姆說的，是一種對現實的洞察、對價值的品味，一種與墮落的世道唱反調的先知情懷，即註定隨時被主流、商人與政治正確視為異端之覺醒與鑑賞態度，堅守真誠的格調。如此，我們便會理解為何追尋靈魂、邁向存在之道所要掃除的障礙，得從「大作偽」（great shams）談起！

「大作偽」是一種人們迷醉於權力和名望，把自己商品化，成為虛有其表、名不副實的次貨或假貨，卻被金飾包裝之資本市場氣候。

在網路資訊零秒差的世代，我們看見世界各地都泛起一波被影像催眠的「自戀瘋潮」。那些以怪誕、無聊、低俗、荒唐作展演的人們，無疑在個人層面沉溺於暴

1 Fromm, E. (2004[1963]). The revolutionary character. In *The Dogma of Christ* (pp.122-139). Routledge.

露癖（exhibitionism）的幼兒式滿足，但別以為這是在影音平臺興起後才獨有的現象，事實是，人們在社會層面亦潛意識地奴役於利益掛帥的資本結構的主人，交易規則是性、攻擊、愚蠢、犯法等的流量密碼，獎賞則是金錢、凝視、自爽、全能且理想的自戀自畫像。

與此同時，佛洛姆亦批判對「大作偽」無批判的追捧者，他們把欲望投射到理想的他者身上，後者則收割自戀的養分來演出，兩造的互相買單保證了主奴階級結構的複製。值得警醒的是，即便是受過高等教育的人士，也往往是無法鑑別真偽的常客，沒有能力看破一些紅人、博士或專家在本質上仍是缺乏人性經驗，只會把知識拼拼貼貼的贗品。只需配上一點誇飾的才情，或是屬於帥哥美女一掛，他們便自捧或被捧為偶像名家。臉皮夠厚的人之浮誇或賣弄可憐，尚能騙過內行人，那試問外行人又怎麼會分辨呢？難怪佛洛姆在書中批判了他那年代的心靈解放運動，有時候靜坐、瑜伽、正念只是讓人感受良好，卻無法帶來實質改變的商業行為，那些老師下課後亦不過是位焦慮的商人罷了。

為此，大作偽的一端是「舢舨充炮舨」的包裝與行銷，另一端則是「魚目當珍珠」之鑑賞能力與品味的麻木。佛洛姆書中寫道「自覺和有意的作偽固然有害，但對社會更具危害性的，是當事人自己深信不疑的贗品」，這不就是今天人人都是自己老闆的網紅與自媒體的網路世界的寫照嗎？換言之，具革命品格者是有能力作自我批判的，他時刻反思自己的真是否當真。反之，人若失去此能力，為獲取流量與關注而急於作偽，他便真的無比自信與成功——在無知與自戀方面。

對「為什麼不」及「不勞可獲」的不服從

革命品格也被佛洛姆視為能夠「不服從」（disobedience）的美德。試問今天誰在主流、權威、政治正確面前，敢於說「不」呢？當我們說「不服從」時，就代表我們「服從」另一個原則、價值、良心、人性。這就是《瑪竇福音》所說：「沒有人能事奉兩個主人：他或是要恨這一個而愛那一個，或是依附這一個而輕忽那一個，你們不能事奉天主而又事奉錢財」（6：24）。要是堅持清醒地追尋靈魂，人便不可能玩世不恭地隨意行事，這教人值得思考佛洛姆對「性自由」的批判理由。

性自由赦免了性欲的罪與罰，讓人以接納而非拒斥的態度去面對自己的身體，喚回女性的主體性，修復性少數的創傷。然而，隨之而來的性解放或性氾濫，即人們誤以為自己活於如何使用身體純屬自家事務的自由中（如透過網路展示自己的性器的自豪，想約砲就約，更刺激的還可以換伴或群交），卻不知不覺被自戀和商業化的自我所奴役，將自身的「物化」再加以「性化」，並用一句「為什麼不？」（Why not?）合理化所有行徑。

試想像，佛洛姆正邀請活在享樂至上時代的我們，在解下褲頭前先自問：「我這樣做是為了什麼呢？是什麼在驅使我行動？是動物般的快感與揮霍？是透過不斷『擁有』來滿足的自戀？還是逃避真實的情感？」

精神分析思維的獨到且常被詬病之處，在於它並不只看事情的好處，同時也謹慎於它可能的危害。佛洛姆指出性解放只達到「隨興」（感官）而非「意志」（思考）的自由，若不對「為什麼不？」提出反問，那服從性解放的人們便向社會傳遞一套肉慾主義。等到年華老去，人們只找到情感不忠的伴侶、性與愛的斷裂、被鮮肉鄙視的老肉般的自己……他們成為自我加害的受害者，即使無奈，這就是事奉

「為什麼不？」下的社會共業。

另一種邁向存在的共業障礙，是「不勞可獲」的妄念。人類潛意識深處有一股嬰兒全能感的惰性，因為他曾服從於不用勞動、無需思考就能獲得照顧的自戀。為此，佛洛姆若還在世，相信他除了會驚嘆今天ＡＩ（人工智慧）所帶來的助益，亦必提防於這般幼兒式自戀所挾持的惡果：人們將放棄作為人的尊嚴，即那種血、肉、汗水的人性與付出，卻透過ＡＩ來為無止境的貪婪套上面具，加劇大作偽時代的虛幻與瘋狂，更遑論ＡＩ技術的利益背後，藏匿著隨時反噬人類文化與心智的「無汗病毒」。

人本主義精神分析之所以不斷分析社會結構和政治意識，在於人往往不知道心底服從了什麼，又使生物驅力的運作被改頭換面。心理學的目標應該是去消除人類在大作偽下建構的錯覺與誤識，由此，「要邁向存在的藝術，最重要的步驟，是學習能夠提升覺察能力和批判性思維的一切方法」，以獲得人類邁向存在（human-*being*）的真正知識，而這修習之路的成敗，無關智力、教育程度或年紀，卻取決於求真、鑑識、不服從、愛生命的品格。

身處「愛—聆聽—存在」的迴圈：你想如何存在？

「現代人是孤獨的、恐懼的，缺乏愛的能力。他想要親近鄰人，但他與鄰人的關係實在太無關且疏遠，而無法親近」[2]，為逃離孤獨，人們把快感、利益、知識，當作愛的替代品。就像《小王子》裡收集各種書籍的地理學家，他以為自己擁有天與地，卻從未投身世界去探險。

然而，那流淌於佛洛姆血液裡的猶太教、基督教和晚年涉獵匪淺的東方宗教精神，即使理論的核心置於追求真理、超越與提煉層面，但不也註定了他把聖與俗、善與惡作簡化的二分，把世俗之人評為還未覺醒的弱者，還滲透出先知情懷不可免的控制欲？按哈佛大學教授弗里德曼（Lawrence Friedman）的觀點[3]，佛洛姆作為一位反抗者，其性情和行為的變化都可用「激情（輕率）、憂鬱（自戀）、邊緣（古怪）」來理解，那麼「革命品格」者在大眾眼裡呈現的樣貌，是否映照的是佛洛姆自我修復後的創傷遺跡？

作為臨床工作者，我擔憂若把社會學的濾鏡開太大，而輕忽原生家庭、個人體質與成長經歷之間的互動式影響，再有力的社政分析也會顯出疲態。尋求心理治療的人們之生命困苦，總有著個人化的複雜構成與脈絡。對我而言，佛洛姆的社會式精神分析是「有耳的，聽罷！」（瑪竇，11：15）的先知式呼喚，讓準備好孤獨地走進荒野、具革命品格的勇士，去追尋靈魂。

顯然，《存在的藝術》是帶有宗教理想的普世宣道，叫無法深愛（《愛的藝術》）又未能透過精神分析（《聆聽的藝術》）得到革新的人：不能再逃避！砍掉重練吧！

同一個迴圈的另一方向是，當世人早已排拒或延後追尋靈魂，或在服從社會結構的潛意識時跌倒，便在受苦時轉向精神分析。而不論治療是有效，失敗，或剛

2 Fromm, E. (2004[1963]). On the limitations and dangers of psychology. In *The Dogma of Christ* (p.163). Routledge.

3 Friedman, L. J. (2013). The lives of Erich Fromm: Love's prophet. Columbia University Press.

好此生沒有緣分走進諮商室，追尋靈魂的道路仍會落在人世間最尋常的愛與情的修習之中（專注、紀律、耐心、無上關注）。

佛洛姆的理念也許在今日不太能討好社會主流和年輕世代，我僅盼望這次追尋能幫助讀者在難以撼動結構的城市裡，藉著思考「我想如何存在？」而找到醒悟與轉化的契機，並仍舊值得平凡的幸福。

——二〇二三年十二月八日於台北

（本文作者為諮商心理師，精神分析主題作家，臉書「哈理斯的精神分析躺椅」版主，著有《願你，永恆少年》）

目錄

存在的藝術

編者序

芬克（Rainer Funk）

一九七四年到一九七六年間，年邁的佛洛姆在瑞士洛迦諾（Locarno）的家中撰寫《擁有還是存在？》（*To Have or to Be?*）。他實際寫下的手稿和章節，較該書在一九七六年出版時要多得多。這些未收錄的內容構成本書的一部分，它們全是在討論：人要學會「存在的藝術」，需要採取哪些「邁向存在的步驟」（steps toward being）。

當年，在《擁有還是存在？》即將排版之前，佛洛姆撤下論「邁向存在的步驟」的章節，因為他認為可能會誤導讀者，讓他們以為只要透過覺察、發展和分析自己就可以得到精神幸福，而無須改變「重擁有樣態」（having mode）[1]賴以產生

1 譯註：指看重「擁有」財物的生命樣態。

的經濟現實。在什麼都有的富裕社會中，「重擁有樣態」是典型的現象，這種群眾現象的根源必須從現代工業社會的經濟、政治及社會層面探尋，尤其是從組織的勞動方式和生產方式中探尋。

不過，儘管我們的「重擁有樣態」根植於當今工業文化的結構，但要克服這一點，端賴重新發現人自身的心靈、理智和肉體的力量，及其自我決定（self-determination）的可能性。為了替通往創造性自我覺察提供指引，我們現在將論「邁向存在的步驟」的手稿付諸出版。

近來的趨勢明確無疑地表明，個人對自我的覺察、認識或發展，多半意謂著主體力量的增強。整體而言，隨著自我覺察的技術被用來支持「重擁有樣態」，個體的自戀傾向益發增強，運用理性和去愛的能力卻益發退化（佛洛姆認為理性與愛的能力退化，是「重存在樣態」的特徵）。

以下是對《擁有還是存在？》部分見解的摘要。這些摘要並非為了提供讀者省去閱讀本書的麻煩，而是要提醒讀者本書最重要的思想。

佛洛姆認為，「為擁有而活」（having to be）和「為存在而活」（being to be）是「兩種基本的生命樣態，是對自我和世界兩種不同的取向，是兩種不同類型的性格結構，哪一個占主導地位，決定了一個人的思考、情感和行為。」（《擁有還是存在？》）如果我們考察一個人面向人生的所有可能途徑，就會得出如下結論：歸根究柢，一個人的人生取向不是傾向擁有，就是傾向存在。

說一個人以「擁有」作為生命取向，是什麼意思呢？

任何以擁有為取向的人，都會根據他所擁有的、能擁有的和能擁有更多的，來界定自我的存在、人生的意義和自己的生活方式。現在，幾乎沒有任何東西不能被擁有或被渴望擁有：各種類型的物件，例如房子、金錢、股票、藝術品、書籍、郵票、錢幣和其他東西，都可以被人抱著「收藏家的熱情」積累。

人一樣可以成為被擁有或被渴望擁有的事物。當然，一個人不會直接說他擁有另一個人，並將其視為財產。在這方面，人會較為「體貼」，表示他只是關心另一個人和對其有責任。但眾所周知，誰對別人有責任，誰就有處置別人的權利。因此，兒童、身障者、老人、病人和需要照顧的人，會被照顧者視為禁臠。不過，當病人恢復健康，當孩子希望可以自己做決定時，「重擁有樣態」帶來的矛盾就會變得明顯。

彷彿別人可以為我們所「擁有」仍不夠似的，我們還賣力生活，務求獲得美德和榮譽。對我們來說，最重要的是受人尊重，是保有某種形象，是健康、美麗或青春，而當這些不再可能時，我們至少會想要擁有「經驗」或「回憶」。政治、意識形態和宗教性質的信念都可以如財產般擁有，並堅定地捍衛，甚至為此流血。一切都取決於一個人是否擁有真理，或站在正確立場。[2]

如果一個人是採取「重擁有」（having）的取向過生活，那麼幾乎一切在他眼裡都可以是財物。重點不在一個人是否擁有某物，而在他是否心向某物。重不擁有（not-having），也是一種重擁有的取向。佛洛姆並不提倡禁欲：重「存在」的取向，恰好不是重「不擁有」的取向。恆常存在的問題是，「重擁有」或「重不擁有」，將定義你的人生目標，和你的自我認同。我們往往很難區分一個人是以「重擁有」的存在方式在擁有，還是如佛洛姆所言，「以猶如非擁有的態度在擁有。」

但每個人都可以藉由自問「對自己而言最有價值的事物為何」，來快速測試自己：若一旦失去最重要、最有價值的東西，會不會方寸大亂，頓時覺得生活毫無意義。如果他不再感到自我依賴（self-reliance）或自我價值（self-value；內在固有的），如果生活和工作不再有價值，那麼這個人就是用「重擁有」取向在決定生活，追求的是好的職業、乖巧的孩子、良好的關係、深刻的見解和更強的論證，諸如此類。

重擁有的人總是仰賴腋下枴杖而不是靠自己的雙腳走路。這種人需要使用外部物體才能存在，才能成為他們希望成為的人。只有當他們擁有什麼，他們才成為他們自己。這些個體覺得他們的存在有賴於擁有。所以，可說他們是「被擁有的物品所擁有」。

佛洛姆用腋下枴杖代替雙腳走路的比喻，也闡明了另一種取向，即重存在的取向。就像一個具有自立的生理能力之人，可以不必依賴腋下枴杖一樣，他也具有得以自立的心理能力：去愛的能力、運用理性的能力和從事創造性活動的能力。但

2 譯註：這段話指出，我們除了想要擁有物質性事物和「別人」，還想擁有林林總總非物質性事物。

人也可能以重擁有的取向來取代這些先天的心理力量，讓愛的力量、理性的力量和創造性活動的力量，變得依賴心所嚮往的被擁有事物。

愛、理性和創造性活動是一個人自身的心理力量，只有在實踐中才能出現和成長。它們不能如同物品般被消費、購買或擁有，只有透過實踐、練習或冒險才能展現。與消費品不同（它們用完了就是用完了），愛、理性和創造性活動會隨著分享和使用而成長和增加。

重存在的取向，意謂著人是以開發自己的心理力量為人生目的。人會慢慢認識、熟悉乃至逐漸全盤理解，在自身和外在世界之中，那些未知和不熟悉的部分，都是自己的特徵。透過學習這一點，人可以建立一種與自我和周遭更廣泛、更全面的關係。

在《擁有還是存在？》這本書裡，佛洛姆一開始指出今日的「重擁有」取向是一種大眾現象，扎根於社會的經濟和社會實況——這社會因為太富裕，讓自己屈服於被「重擁有」心態決定或界定的誘惑。在當今經濟的勞動組織和社交生活中，個人心理力量的巨大喪失隨處可見。

如果要先從社會—經濟層面找出個人命運發展的原因，就應該著手分析社會現實，以了解個人是怎麼被社會化的。這是為什麼佛洛姆刪掉論「邁向存在的步驟」一章，以如何取得「社會—經濟結構性改變」的建議來替換。這也是為什麼唯有同時改變一個人所處環境的結構，從「重擁有取向」轉向「重存在取向」的努力才有意義。在職業活動中，在一個人工作的組織中，在政治和社會層面的自我覺察中，社會—經濟生活方式的指導價值必須改變，如此，一個人才可以真正體驗理性、愛和創造性活動的精神力量，並讓這些力量透過運用而增強。

想要獲得自我覺察和自我發展，想要獲得能充分反映內、外現實的自我和世界觀，便須追求從我們的社會—經濟生活方式中解放出來。正如佛洛姆在《擁有還是存在？》中所說的：「只有生活擺脫了矛盾和非理性，自我才可能和現實相對應。」

在本書中，佛洛姆首先列舉各種通向自我覺察的錯誤路徑，那是他多年前便清晰辨識出來的。接著，他介紹獲得自我覺察的正確方法，分享他每天練習邁向存在的步驟，並詳加討論精神分析方法中的「自我分析」。

因為本書的內容是首次面世，佛洛姆生前並無出版的準備，因此編者不時需要對書的分段和結構加以斟酌，並為章節加上標題。

——一九九二年於德國圖賓根（Tübingen）

（本書編者芬克〔Rainer Funk〕博士，是佛洛姆生前最後一位助手，也是佛洛姆的遺稿保管人。）

Part 1
生命的意義

如果讀者預期會讀到學習生活的藝術的簡短祕訣，
那麼最好就此打住。
我想做的——和我所能做的——只是提供一些建議，
讓讀者知道可以往哪個方向尋找答案，
並初步勾勒出這些答案的其中一部分。

1 論存在的藝術

在這本書[1]的第一部分，我闡明了「重擁有」和「重存在」這兩種生命樣態的性質，以及當分別占主導地位時，會導致何種後果。由此我們得出結論：人的充分人類化（humanization）需要突破以擁有為中心的取向，改以活動、實踐為中心；需要突破自私和自我中心，改以團結和利他主義為中心。在本書的這第二部分，我想要提出一些可能有用的實際建議，作為努力邁向人類化的預備步驟。

我們必須先回答下面的問題，才能開始討論實踐「生活的藝術」的步驟：生活的目標是什麼？人生對人的意義何在？

但這真的是有意義的問題嗎？想活著需要有理由嗎？難道如果沒有這樣的理由我們就寧願不活嗎？事實上，所有的生物，包括動物和人，都想要活著，這種願

1 譯註：這一章的「本書」是指《擁有還是存在？》。

望只有在異乎尋常的情況下才會消失，例如在碰到難以忍受的疼痛時，或是（以人類而言）在受到愛、恨、自尊或忠誠，這些比生之欲望還要強大的激情驅策時。大自然——你也可說是演化的過程——似乎賦予了芸芸眾生活著的願望。不管一個人相信自己是為了什麼理由想活著，這理由都是從屬於他的生之欲望，都是為了把他的生之欲望合理化。

我們當然必須承認上述演化論的觀點。愛克哈特[2]以更簡潔和詩意的方式提出過相同的觀點：

「如果你問一個好人：『你為什麼愛上帝？』你得到的回答會是：『我不知道。因為他是上帝！』」

「你為什麼愛真理？」

「因為它是真理。」

「你為什麼愛正義？」

「因為它是正義！」

「你為什麼愛善良？」

「因為它是善良！」

「你為什麼活著？」

「我真的不知道，但我就喜歡活著！」[3]

我們想要活著，我們喜歡活著，這是無須解釋的事實。但如果我們被問到想要如何活，例如想從生活中尋求什麼，以及生命的意義何在，不同的人就會有不同的答案。有人會說他們想得到愛，有人選擇權力，有人選擇安全，有人選擇感官樂趣和舒適享受，也有人選擇成名。但大多數人都會同意，他們其實就是想要快樂。大多數哲學家和神學家也認為這是人類追求的目標。然而，如果快樂涵蓋剛才所提

2 譯註：愛克哈特（Meister Eckhart，一二六〇～一三二八）：德意志神學家、哲學家和神祕主義者。

3 Meister Eckhart: *A Modern Translation*, tr. R. B. Blakney (New York: Harper Torchbooks, Harper & Row, 1941), p. 242.

的，那些大相逕庭又大多相互排斥的東西，就會變成一個抽象而無用處的概念。關鍵在於，對哲學家、甚至對門外漢來說，「快樂」一詞意謂著什麼。

即便對快樂抱持不同的概念，大多數思想家之間仍然存在一項共識：如果我們的願望得到滿足；或者換句話說，如果我們得到我們想要的東西，我們就會快樂。各種觀點之間的差異，在於對以下這個問題有不同答案：滿足哪些需要可以為人帶來快樂？因此，「人生的意義和目標」這個問題，要求我們思考人類需求的本質。

大致說來，這個問題有兩種對立的觀點。第一種，也是當今通行的觀點認為，人需要什麼，完全是主觀的，它是我為之奮鬥、夢寐以求的事物，這足以讓我稱之為需要，滿足這種需要可以帶給我愉悅。在這個定義中，並不在意產生需要的來源是什麼。它不問需要是否跟飢餓和口渴一樣，根植於生理需求；或者像對可口食物、藝術和理論思考的需要，根植於人類社會和文化的發展；或者像對香菸、汽車或無數科技小裝置的需要，是受社會的誘導；又或者像施虐癖或受虐癖的行為，是一種病態需要。

這種觀點也不問滿足了需要會帶來何種後果：是否會豐富一個人的生活，會對他的成長有所貢獻，還是會削弱、阻礙和扼殺他的成長，導致自我摧殘。一個人的滿足來自於聆聽巴哈的樂曲，還是虐待、控制、傷害無助的人，被認為只是品味上的差異，只要這是一個人所需要的，滿足這種需要就會帶來快樂。只有那些會嚴重損害他人，或讓本人喪失社會功能的需要被認為是例外。因此，搞破壞或吸毒雖然可以帶來快感，但通常不被認為是有正當性的需要。

第二種觀點和第一種觀點有著根本上的不同。第二種觀點著重於探問需要是有利於人的成長和幸福，還是會對人造成阻礙和損害。它認為應該被滿足的需要，必須根植於人類本性，並有利於人類的成長和自我實現。這種觀點用客觀和規範性的快樂取代主觀的快樂。只有滿足那些符合人類福祉的需要才能帶來真正的快樂。

第一種觀點說：「如果我能得到我想要的所有快樂，我就會很快樂。」第二種觀點說：「如果我得到我應該想要的，如果我能達到最大的自我完成，我就會快樂。」

無須強調的是，從傳統科學思維的角度來看，後一種說法是不可接受的，因為它引入了一種規範，亦即引入了價值評判，因而動搖其客觀有效性。問題是，難道規範就不能是客觀有效的嗎？難道我們不能談「人的本性」嗎？如果可以，如果人有可客觀定義的本性，我們不就可以假定人就像所有生物一樣，是以最完美的功能化，並充分實現自身的潛能為目標嗎？難道這不是意謂著有些規範是對此目標有利，而其他規範是對此目標有害？

這是任何園丁都很明白的道理。薔薇花叢的生命目標是要充分發揮薔薇花叢與生俱來的生長潛力：枝葉茂盛，可以從種子裡長出最完美的花。園丁發現，為了達到這個目標，他必須遵循某些從經驗得知的規範。薔薇花叢需要特定的土壤、水分、溫度、陽光和陰影，如果想種出美麗的薔薇，園丁就必須提供這些條件。但是，即使沒有園丁的幫助，薔薇花叢也會設法為本身提供最佳生長條件。它無法左右水分和土壤，卻能透過「歪扭」枝幹向著太陽的方向生長，多少左右陽光和溫度。這道理何嘗不適用於人類呢？

即使我們對一些條件為什麼會有利人的成長與運作缺乏理論知識，但就像園丁種花一樣，能從經驗獲知這些條件。這就是為什麼所有偉大的人類導師都會得出本質上相同的生活規範：要達到最理想的存在條件，則必須擺脫貪婪、錯覺和憎恨，追求愛與慈悲。即使我們無法從理論層面加以解釋，但從經驗證據歸納出結論仍然是完全合理，且絕非「不科學的」做法——儘管科學家仍以發現經驗證據背後的法則為理想方式。

現在，那些認為快樂是價值判斷，缺乏理論基礎的人，在生理問題方面卻未提出同樣的反對意見，儘管兩者在邏輯上並無不同。假設看到有個人喜歡吃甜點和蛋糕，因此變胖和危及健康時，他們不會說：「如果吃甜食讓他得到最大快樂，他就應該繼續吃，不要說服自己，也不要讓別人說服他放棄這種快樂。」他們承認這種渴望不同於正常的欲望，因為它會損害身體。這種限制並不會被稱為是主觀的，或被稱為價值判斷或不科學的，因為每個人都知道暴飲暴食和健康的關係。然而，根據同樣的理論基礎和臨床基礎，我們都知道，現代人對名利、地位、財產、報復、控制等等，這些非理性渴望是病態和具破壞性的，因此可以將它們歸類為有害的。

只需想想「經理病」就可以知道這一點。所謂的「經理病」就是消化性潰瘍，因錯誤的生活方式導致，是野心過大、過分重視成功和缺乏真正的人格中樞（personal center）引起。還有很多資料顯示，錯誤的態度不只跟身體疾病有關。近幾十年來，蒙納科（C. von Monakow）、李文斯頓（R. B. Livingston）和福斯特（Heinz von Foerster）等神經學家都主張，人類神經系統內建「生物性」良知，它是團結、合作、追求真理和自由等規範之所本。這想法是以演化論的理論考量為基礎。[4] 我一直試圖證明，這些主要的人類規範是充分實現人類潛能的條件，而許多純主觀的欲望在客觀上是有害的。[5]

下面要談的生活目標可以在不同的層次上假設。一般而言，它可以被定義為以最接近人類本性模型的方式發展自我。換句話說就是根據人類的生命處境做出最佳化發展，從而充分發揮人的潛能；讓理性或經驗指導我們，使我們基於理性來了解人類的本性，以及什麼樣的規範有利於實現幸福。

也許表達生活目標和生活意義的最基本形式同時見於遠東、近東，以及歐洲的傳統，那就是「大解脫」（Great Liberation），即從各種形式的貪婪和錯覺的桎梏中解脫。解脫的這兩種面向可以在印度吠陀教、佛教、中國和日本的禪宗；以及在猶太教和基督教中，以更加神話化的至高君王形式呈現的上帝中找到。它在基督教和伊斯蘭教的神祕主義者、在史賓諾莎和在馬克思那裡得到了圓滿發展（在近東和西方）。在所有這些教誨中，內在解脫（擺脫貪婪和錯覺的桎梏）與理性的最佳發展密不可分。也就是說，人們用理性來理解世界的本來面目，其作用與為滿足需要的「操縱性智力」（manipulating intelligence）正好相反。擺脫貪婪和理性至上的功能在本質上是必然相關的。我們的理性只有在未被貪婪淹沒時才能發揮作用。被非理性激情驅使的人會失去客觀的能力，必然任由激情擺布：他會認為自己所說的是真話，會以合理化說詞來自圓其說。

以「解脫」作為人生目標的概念已經從工業社會消失，更確切地說是已經被窄化，因而受到扭曲。「解脫」現在僅指從外在力量解放出來[6]：例如中產階級從封

4 有關這些觀點的討論，參見拙作《人類破壞性的剖析》：E. Fromm, *The Anatomy of Human Destructiveness* (New York: Holt, Rinehart and Winston, 1973)。

5 Cf. the same volume and E. Fromm, *Man for Himself* (New York: Rinehart & Co., 1947).

建主義中解放出來，工人階級從資本主義中解放出來，非洲和亞洲人民從帝國主義中解放出來。它唯一的強調是擺脫外部勢力，本質上是一種政治解放。[7]

當然，從外在控制中解放出來是必要的，因為這種控制會斲傷內在人[8]，只有少數人能倖免。但是，片面地強調從外部勢力解放也有很大的危害。首先，解放者往往搖身一變，成為新的統治者，只會空談自由。第二，政治解放可能會遮蔽新的不自由正在以隱藏和匿名的方式出現的事實。西方民主國家就是這種情況，那裡的政治解放掩蓋了各種偽裝成依附形式出現的事實（附庸關係在實施專制制度的蘇聯國家要外顯得多）。最重要的是，人們完全忘記了人在沒有鎖鏈的捆綁下一樣可以是奴隸的事實，這和「人即便被鎖鏈捆綁著一樣可以是自由的」的宗教說法恰好相反。在極其罕見的情況下，這種說法有時可能為真，但在我們這個時代並不具有重要意義，反觀「人在沒有鎖鏈的捆綁下一樣可以是奴隸」的情形卻事關重大。外在的鎖鏈只是被移到了人的內在。社會催眠機制宣傳的欲望和觀點，以比外在鎖鏈更徹底的方式將人捆綁。之所以如此，是因為人至少可以意識到外在鎖鏈的存在，卻無法得知內在鎖鏈的存在，所以誤以為自己是自由的。他可以設法擺脫外在鎖鏈的束縛，但要如何擺脫他根本不知其存在的內在鎖鏈呢？

想要試圖克服這種工業化世界，乃至全人類面臨的可能致命危機，我們必須從理解外在鎖鏈和內在鎖鏈的性質開始。它必須是建立在古典的、人本主義意義上的解放，也必須是建立在現代的、政治和社會意義上的解放。教會仍然只談內在解放，政黨（從自由派到共產黨）只談外在解放。歷史清楚地表明，單一意識形態將使人陷於依賴和無能。唯一現實的目標是全面解放（total liberation）——這個目標大可稱為激進的人本主義或革命的人本主義。

正如「解放」這個概念在工業社會中已經受到扭曲，「理性」的概念也是。自文藝復興以來，人類試圖以理性來理解的主要對象是大自然，而技術的奇蹟是新科學的成果。但到了較近期，人類自己除了在心理學、人類學、社會學被以疏遠的方

6 譯註：這個意義的 liberation 譯作「解放」。

7 我在這裡談的是通俗的概念和感情。如果我們考察以「敢於去認識」（*sapereaude*）為格言的啟蒙哲學，以及考察反思內在自由的哲學家，自由的概念主要當然不是政治概念。

8 譯註：英語「內在人」（inner man）指人的精神或靈魂。

式研究，已不再是受到研究的對象，越來越降格為追求經濟目標的純工具。自史賓諾莎（Baruch Spinoza）以後的近三世紀時間裡，佛洛伊德是第一個再次讓「內在人」成為科學研究對象的人，儘管他也受限於中產階級唯物主義的狹隘架構中。

在我看來，今天的關鍵問題在於，我們是否可以藉助理性概念分別應用在自然（科學）和人（自我覺察）這兩方面，重建「內在和外在解放」這個古典概念。

在提出學習生活的藝術所需的準備步驟之前，我想要確定讀者沒有誤解我的意圖。如果讀者預期會讀到學習生活的藝術的簡短祕訣，那麼最好就此打住。我想做的——和我所能做的——只是提供一些建議，讓讀者知道可以往哪個方向尋找答案，並初步勾勒出這些答案的其中一部分。對於這種不完整，我唯一能補償讀者的，是談論我自己實踐過和體驗過的方法。

這意謂著在之後的章節中，我不會論述所有的方法，就算只是其中最重要的幾種預備方法也不會談論。也不會涉及其他方法，例如瑜伽、禪修、以重複詞語冥想、亞歷山大技巧放鬆法、雅各森漸進性肌肉放鬆法、費爾登克拉肢體放鬆法（the Alexander, the Jacobson, and the Feldenkrais methods of relaxation）。想要系統地討論所有方法，需要寫一整本書，而我也不認為自己能勝此任，因為我相信一個人不可能談自己沒有經歷過的經驗。

事實上，我大可以在這裡結束全書，用以下的話為本章作結：閱讀生活大師的著作，學會理解他們所言的真正涵義，在「你想如何生活」這個問題上形成自己的信念；克服那種不需要大師、嚮導和楷模的天真想法，不要以為你可以在一生中找出人類最偉大的心靈幾千年來的所有發現——他們每一位都繼承了前輩留給他們的智慧和經驗。偉大的生活藝術大師愛克哈特說過：「如果在生和死的問題上沒有獲得教導，一個人要如何過活？」

但我不準備就此結束本書，還打算以簡要的方式呈現我從諸位大師學來的一些觀念。

不過，在考慮這些有幫助的步驟之前，我們應該讓自己知悉橫在路途中的主要障礙。如果一個人不知道該避開什麼，他所有的努力都將是徒勞的。

Part2
待克服的障礙

社會各領域的大作偽現象，
人與人之間的瑣碎閒談，
以為學習與生活成果是不勞而獲，
將「反專制」視同「個人自由」，
都是學習存在的藝術時需克服的障礙。

2 大作偽

學習存在的藝術的最大障礙，大概是我所謂的「大作偽」（great sham）。這現象不限於人類啟蒙、開化的領域，正好相反，人類啟蒙只是瀰漫在我們社會各個領域「大作偽」的表現方式之一。「大作偽」的其他例子包括了遲早會遭到淘汰的產品、價格過高或對消費者無用（甚至有害）的產品、混雜著少許事實但大部分內容不實的廣告，以及各式各樣的虛假社會現象——對此，法律只起訴造假得最嚴重的情況。僅就商品而言，其真實價值已被鋪天蓋地的廣告和品牌的聲望所掩蓋。在以追求利潤最大化而非益處最大化為基本原則的社會，「大作偽」現象其實再正常不過。

政治領域的「大作偽」現象近日在水門事件和越戰益發明顯，具體表現在「接近勝利」的不實陳述[1]或直接偽造（如虛報空襲）。不過，這僅僅是政治作偽現象的冰山一角。

在藝術和文學領域，作偽也很猖獗。大眾——即使是受過高等教育的大眾——也在很大程度上失去了鑑別真偽的能力。這種缺陷是由多種因素所造成。最重要的理由是大多數人有著純頭腦取向（cerebral orientation）。他們僅僅閱讀或聆聽字詞和知性概念，不是用「第三隻耳朵」去傾聽，求證說話人的可信度。在此舉一個例子：在談禪宗的作家中，鈴木大拙的可信度不容置疑，因為他說的是自己體驗過的事情。正因為如此，他的作品往往晦澀難懂，因為禪宗的本質就是不會給出在理智上讓人滿意的答案。其他的作品看似真確描繪了禪宗的思想，但它們的作者都是膚淺的知識分子。這類書淺顯易懂，但沒有傳達出禪宗的本質所在。然而我發現，大多數聲稱對禪宗非常感興趣的人，並沒有注意到鈴木大拙和其他此類作家之間的重要區別。

讓我們難以辨別真假的另一個原因，在於權力和名聲具有催眠般的魅力。當一個作者的名字或一本書的書名經過聰明的宣傳手法而變得有名之後，普通人便願意相信作品中宣稱的內容。這過程還大大得力於另外一個因素：在一個以暢銷和最大利潤為主導的完全商業化社會，每個人都把自己當成「資本」看待，都要把自己投資到市場上以尋求最佳利潤（成功），他的內在價值就如牙膏或非專利藥的利潤一樣微薄。如果善良、有智慧、有創造性或勇敢這些資質沒能使他成功，則他是否擁有這些資質都無關緊要。另一方面，如果他作為一個人、作家、藝術家，或在其他方面僅是平庸之輩，卻是個自戀、好鬥、醉酒、猥褻的話題製造者，那麼，哪怕他只有一點點天賦，同樣可以輕易成為當代的「卓越藝術家或作家」。當然，這不僅僅是他一個人的事：藝術品經銷商、文學經紀人、公關人士和出版商都會從他的成功獲得金錢利益。他由他們「製造」，一旦他成為家喻戶曉的作家、畫家或歌手，一旦他成為「名人」，那麼他就是大人物——你會像電視觀眾記住「某品牌洗衣粉是最好的」的廣告詞般，情不自禁地記住他的名字。當然，贗品並不是什麼新鮮事，它們的存在由來已久。只不過，它們從不曾像今天那樣，在公眾眼中有如此重要的地位。

談到這些例子，我們就觸及了和本書議題最相關的「大作偽」現象，即在人類

1 譯註：指美國報章吹噓美國即將在越戰取得勝利。

救贖上的作偽，在人類追求幸福、內在成長和快樂上的作偽。

我必須承認在撰寫本章的時候很猶豫，甚至寫好後還考慮擱置。猶豫的原因在於，這一領域的幾乎所有詞語都已經被商業化、腐蝕或濫用。如「人類成長」、「成長潛能」、「自我實現」、「經驗／思考」、「當下」等許多字詞都在各類作家和組織的濫用下貶值，甚至被用在廣告裡。我怎能不擔心因為使用了同樣的字眼，讀者會對我所寫的東西作出完全相反的聯想呢？倒不如停止寫作或是使用數學符號寫作豈不是更好？我懇請讀者注意一個事實：文字本身並沒有任何真實性，它的真實性必須得自上下文，以及得自作者的意圖和性格。如果以單向思維去閱讀，不去深入理解，文字就會隱藏觀念，而不是傳達出觀念。

在開始簡述之前，我要聲明，我所說的作偽，並非指各種運動的領袖和參與者是刻意的不誠實，或有意欺騙大眾。雖然有少數人會這麼做，但我相信大多數人都是出於善意，相信自己經營的精神商品有用。然而，自覺和有意的作偽固然有害，但對社會更具危害性的，是當事人自己深信不疑的贗品——無論是謀劃一場戰爭，還是為人指明通往快樂的道路。有些話確實非說出來不可，儘管這可能會讓我被看成是對那些心存善意的人進行人身攻擊。

事實上，我沒有什麼理由需要進行人身攻擊，因為這些兜售救贖的商人只是在滿足一種越來越大的需求。怎麼會不一樣呢？人們普遍受到困惑和不確定所苦，所以尋求可引導他們通向喜樂、靜謐、自知和得到救贖的方法；但他們同時也要求這些方法簡單易學，不費吹灰之力就能快速獲得想要的效果。

在一九二〇年代和三〇年代，興起了一項新運動，這項運動響應少數人的真誠興趣，其根據是一些當時尚未流行的新觀念。這些新觀念環繞兩個核心主題展開：一是解放身體，二是將心靈從傳統生活束縛和扭曲的枷鎖中解放出來。

第一種主題，解放身體有兩個源頭，其一是精神分析。果代克（Georg Groddek）首先使用按摩法放鬆身體，從而幫助病人擺脫緊張和壓抑。賴希（Wilhelm Reich）使用同樣的方法，但更有系統，更具備理論意識：他透過糾正拘謹、扭曲的身體姿勢，打破阻抗（resistance）對人在心理上受壓抑事物的保護機制。賴希的方法是奠基於愛爾莎・金德勒（Elsa Gindler）於一九二〇年代開始提出的，各種幫助覺察身體的體操。

第二種主題，追求心靈解放，則仰賴東方的思維，特別是仰賴瑜伽、禪宗和佛教坐禪的傳統。這方面的觀念和方法只有少數人感興趣，但它們具有可靠和重要的價值，對於不指望找到救贖捷徑的人大有幫助。

在五〇年代和六〇年代，有更多人起而尋找通往快樂境地的新方法，大眾市場於焉形成。在這方面，加州特別是一片沃土，將正當的方法（例如剛才提到的那些）和廉價的方法共冶一爐，這些大雜燴般的短期課程承諾會帶來感性、喜樂、頓悟、自知，更豐富的情感，包羅萬象，任君選擇。這些課程讓你可以和其他有著相同煩惱（即缺乏真實人際接觸和真實情感）的人，一起在陽光普照的舒適環境下進行感知訓練、小組治療、禪坐、太極拳等課程。無論是大學生還是企業高階主管，只花少許努力，就可各獲所需。

對這些大雜燴中的一些菜色，例如「感官覺知」（sensory awareness），我想批評的並非內容，而是教學氣氛。另外一些追求心靈解放與快樂的嘗試則問題出在內容膚淺，特別是它們假裝自己是本著大師的指點。但最大的作偽大概是或明或暗地承諾可以使人在人格上發生深刻改變，雖然實際上能帶來的只是症狀的一時改善，或是增加精力和帶來放鬆。本質上，這些方法是要讓你感覺更好、更能適應社會，而無須從根本上改變性格。

然而，與大量生產的印度上師周邊商品相比，加州人追求心靈解放與快樂的運動只是小巫見大巫。其中最成功的，是被稱為「超覺靜坐」（Transcendental meditation）的運動，發起人是來自印度的瑪赫西（Maharishi Mahesh Yogi）。這位大師利用了印度一項非常古老的傳統，即冥想咒語。咒語往往來自印度教經文（如《奧義書》中的「唵」），如果集中精神冥想，咒語就會變得具有特殊的意義。冥想可以讓人放鬆，減少緊張，並獲得伴隨放鬆而來的幸福感。只需使用「靜謐」、「愛」、「合一」、「平和」等任何合適的字詞，就可以毫不費力地練習超覺靜坐。如果閉上眼，以放鬆的姿勢每天進行大約二十分鐘的練習，就會讓人變得恬靜、放鬆和身體能量增強。（我到目前為止沒有練習過，以上所述只是根據練習過又可信的人的報告。）[2]

「超覺靜坐」冥想法不是瑪赫西發明，但他卻發明了包裝和行銷它的方法。首先，他銷售咒語，聲稱可以為每位顧客選擇符合他們獨特性的咒語。（其實即便特定的咒語和特定的個人真的有著對應關係，任何老師都不可能充分了解新學員的獨特性，來為他們選擇正確的咒語。）咒語是量身訂製的觀念，成為把咒語賣給為數可觀的新學員的基礎。「選擇的咒語已經涵蓋了個人願望，而且願望實現的可能性已經獲得老師證實。」[3]多大的承諾啊！只要好好修練超覺靜坐，任何願望都可以實現！

新學員在聽過兩場入門課之後可單獨與老師見面，然後在一個小儀式中領到個人咒語。他會被吩咐，不管單獨一個人或在別人面前，都不可大聲說出自己的咒語。他必須簽署一份聲明，保證永遠不會把這種方法教授給別人（顯然是為了保持壟斷）。接引新學員的老師每年會查核學員是否有進步，不過據我所知，這通常只是一個簡短的例行性程序。

「超覺靜坐」目前有成千上萬的追隨者，主要在美國盛行，但歐洲國家也越來越多見。它除了承諾可以達成任何個人願望，還承諾不需要任何努力就能邁向事業成功。事業成功和內在成長會齊頭並進，凱撒和上帝會協調一致，你的靈性越是長進，你的事業就越是成功。事實上，「超覺靜坐」這項運動本身具有一門大生意的所有特徵，包括它的廣告宣傳、它那些模糊和常常無意義的語言、它引用一些可敬的觀點，以及它要學員膜拜一位面帶微笑的導師。

「超覺靜坐」的出現與盛行和某些成藥的流行一樣，並不令人意外。但讓人驚訝的是，據我了解，它的追隨者和修練者中不乏正直、高智商和有極佳心理洞察力的人。我必須承認我為此感到困惑不解。可以肯定的是，追隨者和修練者的這種正面反應，來自冥想鍛鍊的放鬆效果和能量增強作用。但令人費解的是，他們對於「超覺靜坐」推廣者含糊不清的語言、粗糙的公關意識、言過其實的承諾和商品化的救贖業務並不排斥。為什麼他們會繼續參與超覺靜坐，而不是選擇我在前面提到的那些並非故弄玄虛的修習法呢？難道大企業精神及其行銷法已取得如此大的進展，以致人們連在個人的精神發展領域也非接受不可？

2 波士頓貝斯以色列（Beth Israel）醫院高血壓科主任貝森博士（Dr. Herbert Benson）在報告中稱，練習此法的高血壓病人血壓顯著下降（《新聞週刊》一九七五年五月五日號）。

3 *Transcendental Meditation* (Maharishi International University Press, March 1974.

儘管冥想咒語對人有積極的影響，但在我看來，它其實對擁護者構成傷害。要意識到這種害處，不能只注意冥想練習本身，還要看到它所從屬的整體：這個整體支持偶像崇拜，因此削弱個人的獨立性；這個整體支持我們文化的去人類化特徵（即商品化所有價值），支持虛假的公關意識，支持無須付出努力的信條，以及透過巧妙的包裝扭曲自覺、喜樂和幸福等傳統價值觀。結果就是，人的心靈會變得混亂，在本已存在和應該擺脫的錯覺之外又加入新的錯覺。

「超覺靜坐」這樣的運動還有另一個害處。很多真正渴望發生內在改變並找到嶄新生活意義的人都在練習「超覺靜坐」，而「超覺靜坐」在口頭上也支持這些願望。但它能達到的效果充其量只是放鬆，類似哈達瑜伽（Hatha Yoga），或由已故的舒爾茨教授（Prof. I. H. Schultz）宣導的「自律訓練」（Autogenic Training），這些運動讓很多人消除疲勞，活力煥發。這些放鬆運動的效果雖然可喜，卻跟從自我中心轉向內在自由的基本轉變毫無關係。它的確對一個虛榮心強又自我中心的人是有用的（對一個已擺脫了許多「重擁有」心態的人也是如此），但由於它自稱不只是讓人暫時放鬆的方法，對很多真正追求解脫之道，並以為他們在「超覺靜坐」中找到這種方式的人而言，其實是一種障礙。

近來，這運動也尋求吸引和吸收那些除了關心自己也關心全人類的人。一九七二年一月八日，經過禁語七日後，瑪赫西在西班牙馬略卡（Mallorca）島對兩千名參加「創造性智能科學」（Science of Creative Intelligence）課程培訓的新教師宣布一項「世界計畫」。「世界計畫」要透過建設三千五百個「世界計畫中心」來實現，每個中心可容納一百萬人。每一名教師要培訓一千名「創造性智能科學」教師，最後，世界各地每一千人可獲分派一名老師。「世界計畫」有七個目標，其中包括「提升各國政府的表現」和「消除犯罪和所有導致不幸的行為」。實現這七個目標需要修七門課程。瑪赫西總結他的目標時指出：「只有等到當今世界的問題從根本上減少並且最終消除，只有當每個國家的教育部門能夠培養出充分成長的公民，我們才會認為我們已經成功。」[4]

關於世界計畫的缺乏思慮已無須贅言，它的無稽之談只是粗俗的行銷手法。

4 同前引書。

「超覺靜坐」的成功引來了效仿者。《新聞週刊》（一九七五年二月十七日號）介紹過其中一個仿效者。它的發起人原名傑克・羅森伯格（Jack Rosenberg），現改名為沃納・艾哈德（Wernherr Erhard）——「沃納」來自「火箭之父」沃納・馮・布勞恩（Wernherr von Braun），「艾哈德」來自聯邦德國前總理路德維希・艾哈德（Ludwig Erhard）。他創辦了「艾哈德訓練課程」。這課程把他對瑜伽、坐禪、敏感性訓練（sensitivity training）和團體療法（encounter therapy）的體會共冶一爐，共兩個週末四天的課程，收費兩百五十美元。根據《新聞週刊》的報導，已經有六千名尋求救贖的人參加過課程，創造出豐厚利潤。當然，這種進帳遠遠比不上「超覺靜坐」，但它表明現在不僅是印度人，而是就連出身費城郊區的前自我激勵專家也可以進入這個行業。

我花這麼多筆墨來介紹這些心靈運動，是因為我從中可以得到一個重要教訓。任何自我改造法的基礎都是增加對現實的覺察和擺脫錯覺，而即便是最美妙動聽的教導，一旦受到錯覺的汙染都會成為有毒的事物。我不是指教導中可能出現的錯誤。佛陀的教導不會因為人相信靈魂轉世而被汙染，《聖經》也不會因為內容牴觸地球的歷史和人類的演化而被汙染。然而，本質性的謊言和欺騙卻會玷汙教導：這些謊言包括聲稱重大成果可以輕而易舉獲得，追求名利可以和修身並存不悖，集體暗示與獨立思考可以相容……

在今日這個時代，更不可輕易上當受騙，因為謊言比以往任何時候都更可能導致災難。它們會蒙蔽人的雙眼，讓人看不見真正的危險和真正的可能性。

所謂的「現實主義者」相信，那些追求善良的人立意很好，但他們天真和充滿幻想，簡單來說就是一群傻瓜。這種看法不完全錯。很多憎惡暴力、仇恨和自私的人確實很天真。他們需要相信「人性本善」的信念來維持這種憎惡。他們的信仰還沒有強大到讓他們無須閉眼無視個人和團體的醜陋和邪惡，就可以相信人具有豐饒的可能性。只要他們睜開眼睛，他們試圖達成最大幸福的目標就一定會失敗：任何巨大的失望都會讓他們改為認定自己錯了，或驅使他們陷入憂鬱，因為他們不再知道該相信什麼。

對人生、對自己和對別人的信念必須是建立在現實主義的堅實基礎上。這就是說，除了要有能力在詐騙、破壞和自私顯而易見的時候看出它們，也要能夠在它們披上偽裝和自我合理化時看出它們。事實上，信、望、愛的態度必須與洞悉現實的熱情攜手同行。不知情者會稱這種熱情為「憤世嫉俗心態」（cynicism）。它拒絕接受好聽和似真的謊言——現在人們所相信的一切幾乎莫不受到這種謊言的包裹。但這種「憤世嫉俗心態」不是憤世嫉俗：它是一種不妥協的批判態度，拒絕在一個欺詐的系統裡玩遊戲。在談到受耶穌教導的「單純者」（the simple one）時，愛克哈特言簡意賅地指出：「他不會欺騙別人，但他不會被別人騙到。」[5]

事實上，無論是佛陀、舊約眾先知、耶穌、愛克哈特、史賓諾莎、馬克思或史懷哲都不是什麼「軟心腸」。相反的，他們是不感情用事的現實主義者，會受到迫害和誹謗不是因為宣揚美德，而是因為說真話。他們對於權力、頭銜或名望視若無睹，知道國王沒有穿新衣。他們也知道權力可以殺死「說真話的人」。

5 Sermon XXX, "Christ Sat in the Temple and Taught," *The Works of Master Eckhart, tr. Evans.*

3 瑣碎閒聊

對學習存在的藝術的另一個障礙，是沉迷於瑣碎閒聊之中。

什麼是「瑣碎」（trivial）？從字面上看，它意指「尋常」（源自拉丁文的 trivia，意謂三條道路的交匯處）。它通常指膚淺、單調、缺乏能力或道德素質。也可把「瑣碎」定義為只關注事物的表面，不理會成因或更深的層次；不能辨別本質和非本質性的東西，甚至將兩者混淆。此外，我們也可以說，「瑣碎」源於缺乏生機、反應遲鈍、死氣沉沉，或者源於對人的核心任務——充分實現自我——毫不關心。

接下來，談佛陀如何定義「瑣碎」：

> 如果一個僧侶想聊天，他應該這樣想：「我不該參與庸俗、世俗和無益的低層次聊天，因為這種聊天不會讓人得到超然、冷靜、定

心、神通、開悟和涅槃。這類聊天包括談論國王、盜賊、大臣、軍隊、饑荒、戰爭；談論飲食、衣物、住所；談論花冠、香水、親友、車輛、村莊、鄉鎮、城市、國家；談論女人、美酒、街頭八卦；談論祖先，談論各種瑣事，談論世界和大海的起源，諸如此類。」他這樣想就是有清楚的見地。

「但有一種聊天是有益於苦修的生活，有益於心智的清明，可以讓人心靈淨化，讓人得到完全的超然、冷靜、定心、神通、開悟和涅槃。這種聊天是談論節儉、知足、獨處、隱居、能量的運用（application of energy）、美德、入定、智慧、解脫，以及解脫所帶來的知識和視野。我會參與這樣的聊天。」他這樣想就是有清楚的見地。[1]

對非佛教徒來說，上述所舉的一些例子可能並不瑣碎，例如世界的起源問題。佛教徒甚至也認為，如果饑荒情況嚴重，且有意去幫助，那麼聊到饑荒的話題對佛教徒來說就不是瑣碎的。無論如何，前面列舉的事項，大膽地總結了一些主題，對某些人來說是神聖的，對許多人來說是珍貴的，仍然令人印象深刻，因為它充滿

「平庸」（banality）[2]的意涵。近些年來，有關通貨膨脹、越戰、近東、水門事件和選舉等等的談話成千上萬，但內容十之八九是黨派偏見，極少深入到所討論現象的根源和起因。大家傾向於相信，大多數人覺得只有涉及戰爭、犯罪、醜聞甚至疾病等話題，才能有東西可談，才有理由與對方溝通，即使只是泛泛的交談。事實上，在人類被轉化成商品以後，他們除了瑣碎之事哪還有別的可談呢？市場上的商品如果能說話，難道它們不也是想聊聊顧客，聊聊銷售員的行為，聊聊它們對可以賣得高價的渴望和淪為滯銷品時的失望心情嗎？

最頻繁的閒聊大概是談自己，因此，健康、疾病、子女、旅遊、成功、自己做了什麼事和數不勝數的日常瑣事成為聊不完的主題。既然人不能整天談自己而不被認為是無聊鬼，他就必須準備好有時候聽別人談他們自己的事。個人的社交聚會

1 Mayshima-Nikaya, 122, quoted in Nyanaponika Thera, *The Heart of Buddhist Meditation* (New York: Samuel Weiser, 1973), p. 172.

2 譯註：談話應該避免「平庸」是佛洛姆常提的一個主題。

（各種協會和團體的聚會也常常如此）是一個個小市場，供人藉由聆聽別人談自己，來交換別人聆聽他們談自己。大多數人尊重這種交換安排，至於那些想要多談自己而少聽別人說話的人會被認為是「騙子」，令人反感，只能找身分地位比他們低也因此比較能容忍他們的同伴說話。

人們談自己和被傾聽的需求是不可被低估的。很容易理解高度自戀的人會有這種需要，因為他們念茲在茲的都是自己。但是，基於一些我們文化中固有的原因，這種需要也存在於普通人之中。現代人是大眾人（mass man），高度「社會化」但又非常孤單。黎士曼（David Riesman）在一九六一年曾以《寂寞的群眾》（*The Lonely Crowd*, New York: Free Press）為書名，將這種現象表達得觸目驚心。現代人與他人疏遠，同時面臨兩難的困境：害怕與他人親密接觸，同樣也害怕孤單和缺乏親密接觸。閒聊就是為了解決以下的問題而設：「我要如何單獨生活而不會孤單呢？」

聊天變成了一種癮頭。「只要當我還聊著，我就知道我存在。這樣我才知道我不是無名小卒，知道我有過去，有一份工作，有一個家。聊起這些的時候，我便肯定了自己。不過，我需要有人聆聽；如果我只跟自己說話，我會發瘋。」聆聽者的存在創造出對話的假象，實際上那只是一個人的獨白。

另一方面，人不只不宜與愛閒聊的人來往，也不宜與邪惡、有施虐癖、有破壞性和敵視生命的人來往。有人會問，如果這些人不是想要傷害我們，和他們來往為什麼有危險呢？

為了回答這個問題，必須認識一條人際交往的法則：人與人之間只要有接觸，就會影響彼此。即使兩個人只極度偶爾地見面或談話，一樣會受到彼此的影響，只是這影響微乎其微，要見過更多次面後才能累積至得以察覺的程度。

但偶然的相遇也可以有相當可觀的影響。誰不曾有過這樣的經驗：你只在瞬間見過一個人，也未和他交談，卻被對方臉上流露的善良所感動？或是驚鴻一瞥萬分邪惡的臉，卻備感恐怖？很多人都會記得這樣的臉[3]，受其影響多年，甚至終生皆然。任何人都可能有過這樣的經驗：你跟某個人交流之後感到精神振奮、活力十

3 譯註：這裡的「臉」兼指善良的臉和邪惡的臉。

足，心情更好，在某些情況下甚至會擁有嶄新的勇氣和見解，即使聊天內容跟這些變化並無直接關係；但也曾在跟另一個人聊天後，感到抑鬱、疲憊和絕望，卻找不出聊天內容和這種變化有何關聯。我這裡說的不是一個人所愛、欽佩或害怕的人的影響力，他們的話語與行為當然會對當事人產生很大的影響力，我說的是和一個人沒有特殊關係的人的影響力。

基於以上的考量，最好是完全避免跟愛閒聊和品行不良的人來往，除非你能表現得充分自信，足以讓對方懷疑自己的立場。

如果無法避免與壞同伴來往，一個人也應該避免被欺騙：他應該要能看出友好面具背後的不真誠，看出無止境地抱怨不快樂背後的破壞性，以及看出魅力背後的自戀。一個人也不應該表現得好像被欺騙性的外表所迷惑，以避免讓自己陷入不誠實。你不必對他們說真話，也不能讓他們以為你一無所知。十二世紀偉大的猶太哲學家邁蒙尼德（Moses Maimonides）因為認識到壞同伴的不良影響，提出了激烈的建議：「如果你住的國家居民邪惡，就避開他們。如果他們試圖強迫你與他們交往，你就離開這國家，哪怕這表示你只能搬去沙漠住。」

即便別人不理解我們的行為又如何？他們要求我們只做他們能理解的事，其實是企圖使我們唯命是從。如果我們的行為在他們眼裡是「反社會」或「非理性」的，那也只能讓他們如此認為。他們最仇視的是我們的自由和我們做自己的勇氣。只要我們的行為沒有傷害或侵犯他們，我們不欠任何人解釋或說明。多少生命已經毀在這種對「解釋」的需要上——「解釋」通常意謂著被「理解」，亦即得到批准。讓你的行為受到評斷，讓你的行為體現你的真實意圖，但必須知道的是，一個自由的人只欠自己——自己的理性和良知——一個解釋，也只欠少數有合理理由要求解釋的人一個解釋。

4 不勞可獲

學習存在的藝術的另一道障礙是「不勞可獲」。人們相信，一切事情，甚至是最困難的工作，都應該是無須努力（或只需極少努力）就可以辦到。此信條已廣為人知，無須過多解釋。

以我們的教育方法為例。我們說服年輕人（其實是乞求他們）接受教育時，藉著「自我表達」（self-expression）、「反成就」（anti-achievement）和「自由」的名義，我們盡一切可能使每門課程簡單而輕鬆。唯一的例外是自然科學，那是艱深學問，無法透過「簡易課程」輕鬆掌握。但在社會科學、藝術和文學的領域，在小學和中學都能看到相同的趨勢：簡單教和簡單學。而那些堅持學生應勤奮學習的教授被稱為「獨裁者」或老學究。

導致這種趨勢的原因不難想見。隨著對技術人員的需求日益增加，例如未受過全面教育的服務人員（從辦事員到低階管理人），社會要求學校提供只學過零碎知識的人。其次，我們的社會制度有賴於一種虛幻的信念：沒有人被強迫做他所做的事，每個人都是在做喜歡做的事。這種由匿名權威（anonymous authority）取代公開權威（overt authority）[1]的行為，在生活的各個領域都找得到表述：「強迫」披上了「共識」的偽裝，而共識是由催眠大眾的方法所產生。結果就是，學習也應該讓人感到愉快，而不是強制——在那些對嚴肅的知識需求最少的領域尤其如此。

學習無須付出努力的觀念還有另外一種根源：技術的進步減少生產商品所需的勞動力。在第一次工業革命中，畜力和人力被機器取代；在第二次工業革命中，思考和記憶被大型電腦取代。從辛勤勞動中解放出來，被視為現代「進步」贈予人類的最好禮物。如果說這是禮物，被視為勞動力理應運用到更高級、更有創造性的活動中。事實卻並非如此。被機器解放導致了絕對的懶惰，以及對努力的恐懼。美好的生活等同「不勞可獲」，辛勤勞動被認為是中世紀的殘餘，辛勤勞動的人肯定是被迫的，不是出於自願。現在，人到兩條街外的雜貨店買東西都不願步行，寧願開車；商店店員喜歡用計算機算加法（哪怕只有三位數），以省去動腦的麻煩。

與「不勞可獲」信條相關的是「避免痛苦」。這種態度也具有恐懼症的性質，它力求在任何情況下都要避免感到痛苦——除了是肉體上的痛苦，更是精神上的痛苦。現代的進步聲稱要帶領人類進入遠離痛苦的樂土。事實上，人滋生出對痛苦的慢性恐懼。這裡說的「痛苦」是最廣義上的，不只是肉體和精神上的痛苦。每天花好幾個小時練習音階是一種痛苦，學習一門不感興趣卻必要的科目是一種痛苦，不得不坐下來學習而不能與女友約會、出去散步或和朋友遊玩是一種痛苦。這些確實是小痛苦。遺憾的是，如果一個人想學習真知識，想要改正錯誤，就必須不急躁，心甘情願地接受這些痛苦。至於更大的痛苦，我們必須記住：只有少數人可以經常感到快樂，受痛苦是絕大多數人的命運。使人類團結的最強大基礎之一，就是人悲己悲的經驗。

1 譯註：「公開權威」是指父親、教師、老闆、國王、官員、牧師、上帝、法律、道德良知等具體的權威。「匿名權威」是無形無狀的權威，例如輿論、「常識」和追求利潤的原則等。

5 反專制

學習存在的藝術還有一道障礙，是對任何被視為「專制」的事物心懷恐懼，也就是恐懼任何「強加」於個人和要求紀律的事物。這種恐懼被等同於渴望自由，渴望個人有權完全自主來決定一切——沙特（Jean-Paul Satre）的自由概念為這種理想在哲學上提供自圓其說。這種態度有諸多根源。首先是社會—經濟上的根源。資本主義經濟是建立在自由原則之上，要求買賣自由而不受干涉或限制，要求行動自由而不受道德或政治原則限制（為防止故意傷害他人而作出的法律明文規定除外）。即使中產階級的自由觀在很大程度上是源於經濟因素，但除非考慮到對自由的渴望也是源於強烈的天生熱情，我們才能明白渴望自由的本質：出於我們想要做自己的需要，不是為了當別人的工具。

可是，這種天生對自由的渴望逐漸遭到壓抑：因為有了保護自己財產的渴望，對自由的渴望就只是一種意識形態。然而，過去幾十年間出現看似弔詭的發展：在西方民主國家，專制的力量大減，但個人的實際自由也在減少。依附（dependency）的事實沒有改變，改變的只是形式。在十九世紀，可直接施行權威的是國王、官員、教士、老闆、父母和老師。隨著生產方式的改變（主要表現在機器的作用日益重要），隨著勤儉觀念被消費觀念（消費被等同於「快樂」）取代，對某個人的順服變成了對某個組織的順服。這些組織包括工廠、大企業和政府。政府讓人民相信他們是自由的，他們是國家的真正主人，政府所做的一切都是以他們的利益為出發點。然而，正是因為政府、軍隊和工業體的巨大力量和規模，正是因為有血有肉的權威被面目模糊的官僚組織取代，個人變得比從前更加沒有力量——但他並未意識到自己的無力。

為了保護自己免受這種個人和社會干擾的意識，人們形成毫不受限的絕對「個人」自由觀。其體現之一是性自由風氣的興起。年輕人和許多中年父母都致力於實現這種自由，拒絕對性進行任何限制。當然，從一方面看，這是個健康的發展。在經受了兩千多年的宗教詆毀後，性欲望和性滿足至此終於不再被認為是有罪的，渴望透過重新服從來贖罪的意願減少了。但即便對「性革命」的歷史意義有這種應有的認識，我們也不能忽略它所帶來的，不太有益的「副作用」。它只能達到隨興的自由，不是意志的自由。

差別何在？隨興的渴望是出於一時興起，與整體人格及人生目標沒有結構性關聯（幼兒的部分行為即出於「一時興起」）。這種渴望——即使是稍縱即逝或非理性的——會要求即時獲得滿足。無視這種欲望甚至暫緩滿足它，都被視為侵害個人自由。如果一個男人碰巧遇到一個女人，在一起待了幾個小時，覺得無聊之際，他很容易產生與她上床的想法。一旦該想法出現，他便決定付諸行動：這不一定是因為那女人特別吸引他或他性欲強烈，也可能僅僅是因為既然想到了就要付諸實行。又比如一個疏離孤單的少年走在街上，突然心生一個念頭，認為用刀刺死剛剛與他擦肩而過的年輕護理師是件很過癮的事，便這樣做了。率性而為的例子還有很多。這兩個例子一個是關於做愛，一個是關於殺人，但它們的共同點是都是出於一時興起。不這麼極端的例子比比皆是，人人都想得出來。

要判斷該行為是否出於一時興起，一般的標準是看它是否在回應「為什麼不呢？」，而不是回應「為什麼？」。我很肯定，任何仔細觀察過這種行為的人都會發現，人被問及是否願意做這個或那個時，大部分人的回答是「為什麼不呢？」。這個回答意謂著做某件事只因為沒有理由反對它，不是因為有理由一定要去做；意謂著它是出於心血來潮，不是意志的展現。這其實是內心被動的體現，又混合了逃避無聊的願望。「意志」是基於主動性，「隨興」是基於被動性。

「個人自由」這一想像表現得最顯著的領域就是消費。客戶就是超市和汽車市場的帝王。每一類商品都有很多品牌爭奪顧客的青睞。它們出現在電視螢幕上，一連數月，引誘顧客購買。購買時，顧客彷彿無比強大，有充分的自由在洗衣粉Ａ、Ｂ和Ｃ之間做出選擇——這三種洗衣粉就像在投票日前拉票的政治候選人一樣乞求顧客選擇自己。如帝王般的顧客沒有意識到，他對提供給他的商品並沒有什麼影響力，而且那些所謂的選擇實際上是沒有「選擇」，因為不同的品牌本質上是相同的，有時甚至是由同一公司生產。

由此可得出一條普遍的心理法則：無力感越強，越缺乏純正的意志，越趨於服從一時興起的渴望，對滿足這種渴望越是堅持。

總結：讓人執著於「隨興」的主要合理化藉口是「反專制」。當然，對抗專制時至今日仍然有著重要的意義。但「反專制」也可能（或已經）在為自戀、自我縱容提供合理化藉口，在為沉迷於追求無限制、不受干擾的快感生活提供合理化藉口。根據馬庫色（Herbert Marcuse）之見，對於無限制、不受干擾的快感來說，即便性器官性欲的首要性也是專制的，因為它阻礙了性器官發育前的自由。最後，對專制的恐懼也被用來合理化一種瘋狂：逃避現實的渴望。現實把自己的規則強加於人，人只能在夢中、在恍惚出神狀態或精神錯亂中逃避。

Part3

重要的學習步驟

要邁向存在的藝術，最重要的步驟，
是學習能夠提升覺察能力和批判性思維的一切方法。
這無關智力高低、教育程度或年齡大小，而是品格問題。
更具體地說，這關係到個人在面對各種非理性權威和偶像時，
能取得何種程度的獨立。

6 志於一事

想要在任何領域——包括生活的藝術——做出一番成就，首要條件是志於一事（to will one thing）。[1]它要求人立定志向，投身追求一個目標。他必須全力以赴，把所有能量都用在這個選定的目標上。

如果能量分散到不同的方向，不光是用於任何一個目標的能量會有所減少，分散的能量也會因為持續地互相衝突而進一步彼此削弱。

強迫性精神官能症是很好的例子。一個人如果總是對應該採取某種行動或做出選擇感到猶豫不決，如果對待生命中最重要的人的態度總是極端矛盾，那麼，他可能無法做任何決定，完全陷於癱瘓狀態。在「正常」的情況下，當各個目標之間

1 參見S. Kierkegaard's *Purity of the Heart and to Will One Thing: Spiritual Preparation for the Office of Confession* (New York: Harper and Brothers, 1938).

不是嚴格對立，不至於浪費太多能量，但是，達到任何目標的能量將因此大大降低。實際上，我們的目標是什麼並不重要（無論目標屬於物質的還是精神的、道德的還是不道德的）。想把一件事情做得完美無瑕，則一個銀行搶匪的投入程度得不亞於一個科學家或小提琴家。漫不經心的態度會導致搶匪入獄，也會讓科學家淪為乏味的教授，讓小提琴家淪為二流樂團的成員。當然，如果只是想達到業餘水準，那情況就不同了：小偷可能會惹上麻煩，科學家會感到沮喪，而小提琴手則在演奏時自得其樂，並不指望做到精益求精。

很輕易就能觀察到，彼此衝突的目標往往並存於人的心中。部分原因是我們的文化就是分裂的，它為成員提供的是彼此對立的規範：一方面是基督教的博愛和利他主義，另一方面是中產階級的冷漠和自私。雖然自私原則盛行，仍有不少人受到舊規範的影響，只是還沒有強烈到可引導他們採取不同的生活方式。

在現代工業社會，可以全心全意做事的機會大大降低。事實上，如果輸送帶旁邊的工人、整理檔案的文書人員、街道清潔工，或在郵局窗口出售郵票的人也都試圖全心全意地做手頭上的工作，恐怕會發瘋。因此，他會儘量讓自己分心，讓各種思緒和白日夢占據他的頭腦，或乾脆讓腦袋一片空白。但仍然有一些職業可以讓人追求精益求精，僅舉幾例：科學家、醫生、藝術家、對工作富有熱情的祕書、護理師、公車司機、編輯、飛行員和木匠。不過，機械化和常規化工作的增加讓這類工作越來越少。

其實，即使是體力勞動和文書工作也不一定要那麼自動化和常規化。正如最近的一系列實驗表明，人可以逆轉過分專業化的操作過程，改變生產方法，讓工作者自行決定作業方法而不再限於重複相同的機械化步驟，從而減少工作的單調性，某種程度地提升趣味和技能。但任何大批量工業生產都會限制人們對趣味的培養和對卓越的追求。

如果我們的著眼點不是工作的技術面向而是社會面向，情況便會相當不同。這在今天更是顯而易見，因為從汽車裝配廠到研究機構，幾乎所有的工作都是以團隊形式進行。每個人都會發現自己身處在人際關係的網絡裡，以不同方式、不同程度成為其中的一部分。我所處的社會環境是我生活的一部分，它影響我，而我也影響它。如果企業裡的藍領和白領工人，或醫院的護理師和員工不再僅僅是「雇員」，而能參與管理，如果他們和在同一機構工作的人形成社群，那麼他們就可能因為組織的合理性和融洽的人際關係，卓越地完成手頭上的工作。這樣富有成效地工作，每個人的生活也會富有意義。[2]

除了作為社會組織的工作場所，作為一個整體的社會，其最佳組織化也可以使每個人有全心投入、做出貢獻的機會。然而，要實現這一點，就需要社會和它的政治代表（即政府）不再高高凌駕於人民之上，而是要成為人民工作的成果。在異化大行其道的現階段，這種情形相當不可能發生，但在一個人性化的社會中，人們除了自己的生活，社會本身也是他們最重要的工作：兩者的目標是一致的。

2 更詳盡的討論見E. Fromm, *The Sane Society* (New York: Rinehart & Co., 1955)。

7 保持覺醒

對於如何改變和拓寬意識狀態，今日人們有很多討論。通常，大家所謂的「拓寬意識狀態」是指以新的眼光看世界（這裡的「看」特別是指物理意義的看），看到更加真切的顏色和型態。有各種可以讓人改變意識狀態的方法受到推薦，主要是使用心理藥物，使人進入強度不一和自我誘導的恍惚出神狀態。沒有人可以否認意識狀態可以發生改變，但熱中於此的人卻沒有注意到一個問題：為什麼有些人連正常意識狀態還沒有發展完善，就想改變意識？事實上，大部分渴望改變意識狀態的人，與只喜歡喝咖啡、喝酒、抽菸的人相比，意識的發展並不突出。他們所謂的拓寬意識只是一時放縱，暫時逃離現實，經過這場「旅程」後，他們和原來相比沒有差別，和其他人也沒有兩樣：都仍處在半睡半醒狀態。

「半睡半醒」一詞需要解釋一下，尤其是因為我要用它來表示大多數人慣常的意識狀態。我們都相信睡眠狀態和清醒狀態有明確區分，某種程度上也確實如此。

兩種狀態之間有明確的生理差異，即化學和電學上的差異。從心理—生物學的立場，可以如此描述這種差異：清醒狀態的人能夠吃東西、找住處、獲得其他生活必需品，和保護自己免受危險——主要是透過搏鬥或逃跑，如果不想兩敗俱傷的話則是透過談判。人在睡眠狀態時，這些功能都擱置了。他不需要為生存而努力，不需要勞動，只有當緊急訊號出現（例如聽到不尋常的噪音），他才會驚醒，進行自衛。在睡眠中，人會轉向內在，能夠為自己轉達訊息，創造、導演和夢到一些場景，這些場景體現著他的願望、他的恐懼，以及他對自己和他人的洞察——他之所以可能得到這些洞察，是因為他不像醒著時會受到常識的干擾和錯覺的入侵。[1]

事實上，弔詭的是，我們睡著時比沒睡時更清醒。我們的夢常常見證我們的創造力，反觀白日夢則常常體現我們的精神怠惰。然而，睡眠狀態和清醒狀態兩者都不是毫無分化的實體。兩者均有很多延伸的狀態：從淺睡到深睡狀態，即從可能做夢的狀態（觀察者可看到睡眠者眼睛轉動，術語稱之為「快速動眼睡眠」，REM）到不會做夢的狀態。

清醒狀態也是如此。透過分析大腦發出的不同種類電波，可以研究清醒狀態的各種延伸狀態。雖然我們在這一領域仍然依靠簡陋的自我觀察法，但在能以更精確的手段研究之前，這仍是獲得資料的重要方法。每個人都可以感知警覺狀態、開放狀態，或腦力活躍狀態跟懶散狀態、心不在焉狀態之間的不同。與此同時，人們也注意到，這兩種狀態可以非常快速地轉換，所以，諸如「缺乏足夠的睡眠」或「只是累了」之類的一般理由是說不通的。分析是什麼因素促使「疲勞」狀態轉換到高度警覺狀態會很有意思。

最明顯的例子是他人的影響。假設有個男人在辦公室裡做著例行工作，正確無誤但無精打采，只是強打精神把該做的事做好。但當他下了班，遇到一個他愛的女人，他會變成另一個人，突然間變得警覺、機智、有魅力，充滿活力。可以說他是從半睡眠狀態一下子跳到完全清醒狀態。還有相反的例子：一個已婚男人沉浸在他感興趣的工作中，工作期間機敏清醒，回家以後卻完全變了。他可能會變得百無聊賴，昏昏欲睡，只想看看電視，喝上兩杯，希望從中尋找一點刺激。當這些都無

1 較詳細的分析見E. Fromm, *The Forgotten Language* (New York: Rinehart & Co., 1951).

法發揮作用時，他就會與妻子隨便聊聊天，然後再看看電視，等到一天結束時頓時鬆了一口氣——有時也會來點「疲倦性愛」為一天作結（這種事當然只會發生在愛已消失的「疲倦婚姻」裡）。

其他動機也會激發清醒狀態：危險、可以取勝的機會、破壞欲或征服欲。想要滿足任何一種激情的欲望都能激發一個人。我們可以很有道理地說：「告訴我是什麼原因讓你清醒，我就能告訴你，你是什麼樣的人。」

但是，如果認為完全清醒狀態時的品質，與產生這種結果的刺激無關，那就錯了。一個因為發現危險而充分清醒的人，是對與此危險有關的一切因素保持警覺；而一個以賭博而變得高度興奮的男人，可能意識不到妻子因為他沉溺賭博而深感痛苦。概括而言，我們變得警覺是因為需要完成極其必要的任務（如工作或捍衛切身利益），或受某個熱中的目標所驅使（如追求金錢）。與這類被部分喚起的、具時效性的警覺形成對比的，是完全清醒的狀態。在這種狀態下，人們不僅會意識到為求生存，或為求達到某個熱中目標所需要意識到的東西，還會意識到自己和周圍的世界（他人與自然）。這時，一個人會看穿表層，看到根源。世界變得完全真實，每一處細節都變得有意義。這種感覺就像一直蒙在我們眼前的面紗——我們本來對它的存在不知不覺——突然揭開了。

以下是有關清醒的一個無人不曉的例子：有某個人（可能是親戚、朋友或同事），我們看過他的臉已經很多次。然後有一天，基於往往是我們不明白的原因，我們突然以一種全新的方式看他的臉。這張臉彷彿有了新的面貌，栩栩如生了起來。（即使是一張了無生趣的臉，它的了無生趣也會栩栩如生起來。）我們看得格外清晰和有真實感。我們透過它看到了這個人自身，而不是看到他的「問題」，他的過去。我們不會陷入理論性思考，就只是看到他，看到他的本質。對方也許是邪惡或善良，也許是強壯或羸弱，也許是粗線條或細膩（或是這些特質的融合），但他對我們來說變成了他自己，他的臉會長留在我們心中。我們不會再想起他以前那張平淡、模糊、遠距離的臉。當然，不一定是臉變得如此有表達力。對不少人來說，身形、姿態和動作也一樣重要，甚至更重要。

兩個人望著彼此和覺察（aware of）彼此，以各自獨一無二的本相（suchness）彼此相視，中間沒有障礙，沒有迷霧。他們在強烈的清醒狀態中看著對方。在這種直接和暢通無阻的覺察過程中，他們不會思考彼此，不會提出心理問題，不會問對方是如何會成為今日的樣子，以後會如何發展，也不會管對方是善或是惡。他們只是覺察對方。接下來，他們確實可能會思考彼此，可能會分析、評估和理解彼此。但是，如果他們在覺察的當下思考，則他們的覺察結果會受損。

8 保持覺察

一般來說，「覺察」（to be aware）、「知曉」（to know）和「意識到」（to be conscious of）被認為是同義語。然而，「覺察」的詞根和其他兩個詞有異。「覺察」（德語為gewahr）的詞根在英語和德語中的意思是「專心」或「正念」（德語為Aufmerksamkeit）。它通常被解釋為「開始醒悟到什麼」，不是單純地意識到或知曉，而是發現一些不太顯而易見的東西，甚至是發現意料之外的東西。換句話說，「覺察」是指注意力高度集中的知曉或意識到。

我們再來思考一下「覺察」的不同涵義。它可以指對一個人的身體或心靈狀態（即一個人的感覺和情緒）的覺察。

身體覺察的一個簡單例子是覺察到自己的呼吸。當然，我們知道我們在呼吸，但這是一種智性知識（intellectual knowledge），可以從觀察一呼一吸或腹部運動得到證明。但這種「我在呼吸」的知識完全不同於「覺察」呼吸行為本身。任何人都可以透過簡單的實驗看出個中差別：坐下，全身放鬆（即保持既不懶散也不僵直的姿勢），閉上眼睛，試著什麼都不想，只感覺自己的呼吸。這說來容易做起來卻很難，因為很多雜念會侵入，尤其是在開始的時候：人專心念想呼吸不過幾秒，就會開始東想西想。能成功地將注意力集中於呼吸，才能覺察呼吸的過程。不用強迫或者控制它，沒有任何意圖或目標，只是關注自己的呼吸。你會發現，覺察著呼吸和思想著呼吸完全不同。事實上，兩者相互排斥。一旦我開始想我的呼吸，我就無法同時覺察呼吸的行為。

另一個實驗也很簡單，[1]任何人都可以嘗試，方法如下：同樣以放鬆的姿勢坐下，閉上眼睛，兩手放在大腿上（就是埃及阿布辛貝神廟法老雕像的坐姿）。然後將一隻手臂舉起至四十五度角。我們這麼做的時候通常是張開眼，神經系統會發出信號給相應的肌肉，於是舉起手臂。我們馬上舉起手臂，並立刻就看到結果。當命令完成，我們又可以命令手臂放下，恢復原來的姿勢。我們有感覺到手臂在移動嗎？當然沒有。在這樣的情況下，手臂像一件工具，幾乎和按下按鈕舉起人工手臂沒有差別。我們關注的是結果而不是過程。如果與通常的方式不同，我們想要專注於移動過程本身，則必須設法忘記結果，緩慢移動手臂，慢到可以感覺手臂是如何移動的：手掌慢慢舉起，舉至空中，慢慢地到達預定高度，再緩緩放下，直到完全靜止。如果你真的做了這個小實驗，你會發現自己體驗到手臂移動的過程，而不是在旁觀「移動」。而且由於你如此地專注，因此不會對其思考或反省——你在移動手臂之前或之後可能會思考或反省，但不會在過程中這麼做。

同樣的原理也存在於卡提婭．迪拉科瓦（Katya Delakova）教授的「移動的藝術」（art of moving）和中國的古老拳術太極拳。（後者尤其值得推薦，因為它把「感官覺察」的元素和專注的冥想狀態結合在一起。）[2]

覺察和思考之間的同一種差異也存在於我們對感覺和情緒的覺察上。如果我覺察到自己感覺喜樂、愛戀、悲傷、恐懼或憎恨，這表示我確實感覺到了，感覺沒

---

1 這個實驗是夏洛蒂．塞爾弗（Charlotte Selver）教導的「感官覺察」（sensory awareness）方法之一，見Charles Brooks, *Sensory Awareness: The Rediscovery of Experiencing* (New York: Viking, 1974).

2 我感謝夏洛蒂．塞爾弗在一九四〇年代教導我「感官覺察」，感謝卡提婭．迪拉科瓦在過去十年教導我「移動藝術」，特別是教導我太極拳。

有受到壓抑。那並不表示我在思考或反省自己的感覺。我也可以說「我意識到」（I am conscious）自己有什麼感覺。conscious由拉丁文字根*con*（有著）和*scire*（知道）組成，意指「參與獲取知識的過程」或「心智醒覺」。「意識到」就像「覺察到」一樣包含著積極主動的成分。Conscious的德語對等詞Bewusstsein更具表達力：它是bewusst Sein（有意識的存在）的意思。（直到十八世紀為止，哲學語言中的Bewusstsein都是寫成bewusst Sein）。

到目前為止，我都在討論對非隱藏之物的覺察。另一種覺察是覺察到隱藏之物。對隱藏之物的覺察，就是意識到無意識之物（被壓抑之物），或把被壓抑之物意識化。因為一般來說，要把無意識之物變成可意識，需要積極的努力。我們也把這種過程稱為揭示式覺察（revealing or uncovering awareness）。

在工業社會的最新階段開始之際，出現了兩個影響深遠和發人深省的批判理論，分別由馬克思和佛洛伊德所提出。[3]馬克思揭示了社會—歷史過程的推動力和衝突，而佛洛伊德志在揭露人的內心衝突。二人均致力於人類的解放，儘管馬克思的理論比佛洛伊德的更全面，也較不受時代限制。兩種理論擁有相同的命運：它們都很快地失去了最重要的特徵，即批判性與解放性的思想。這種特徵被它們大部分的「忠實」追隨者改造成為信條，開創者則成了偶像。

我們可以把佛洛伊德和馬克思的批判性分析視為同一種觀念在兩個不同方面的表達。這種認定是基於一個基本考量。

覺察不僅意指揭示內心衝突，還揭示社會生活中被意識形態遮蔽的衝突（社會理性化〔social rationalizations〕）。由於個人是社會的一部分，不能自外於社會結構，與社會現實相關的錯覺會影響他心靈的清晰，阻礙他把自己從與自身相關的錯覺中解放出來。「看見」的能力總是伴隨著盲點。人類心靈的批判機能是一個整體：相信自己可以洞悉內心卻對外在世界盲目，就好像說燭光只能照亮單一方向而不是四面八方。燭光就是比喻理性可以批判、穿透和揭示思想的能力。

由此引出兩個問題：覺察是否可能帶給人自由？如果可能，又要怎麼做？再

3 佛教也是一種批判理論。就像馬克思理論在十九世紀時那樣，佛教也可以動員千百萬人。（我感謝Z. Fiser提醒我這兩者的相似之處。）

者，覺察必然是可喜的嗎？

第一個問題的答案，毫無疑問是肯定的。人類歷史上有很多事例可以說明人能夠掙脫錯覺的枷鎖，穿透表象看清本質。我這裡說的「人」不僅是指「偉人」，還是指許多普通人，他們有時會出於不明原因抖落蒙蔽雙眼的錯覺，開始看見。關於這一點，我在後面討論精神分析時會談更多。

覺察為何可能帶給人自由？我們可以這樣回答：一個人能否在世界上牢牢立足，取決於他認識現實的準確度。對現實的認識越不準確，人越會感到喪失方向，越沒有安全感，需要尋求偶像，透過依賴偶像來找到安全感。相反的，對現實的認識越準確，他就越獨立，越能自主。在這一點上，人就像安泰俄斯（Antaeus）[4]，他靠著接觸地母獲得能量，敵人只有把他舉到空中，使其無法補充能量，方能殺死他。

第二個問題較難回答。如果對潛在衝突的洞察能帶來建設性的對策，以及隨之而來更大的福祉，那麼一定會有很多人認為覺察是可喜的。馬克思認為，當工人階級覺察到自身處境，就能擺脫錯覺，建立一個不需要任何錯覺來維繫的社會（這是可能做到的，因為歷史條件已經成熟）。佛洛伊德也是一樣，相信洞悉意識和無意識之間的隱藏衝突可以治療精神官能症。

但是，如果衝突不能得到解決呢？如果得知真相令人痛苦，又無助於改變現實，繼續生活在錯覺中不是更好嗎？如果正如馬克思和佛洛伊德所說，宗教教義只是一種錯覺，那麼它是否是人類生存所必需的？如果他放棄了這種錯覺，又因為發現不可能建立更好的人類社會，和獲得較大的個人幸福而感到絕望，他會做出什麼事？或者，如果一個施虐狂意識到自身痛苦的根源，卻又因為一些理由知道自己無法改變，那麼他是不是保持不知道真相、繼續相信自己正常會更好呢？

誰勇於回答這些問題？乍看之下，單就希望任何人都不會無必要地受苦，便足以支持不應把人從種種錯覺中解放出來的主張。然而，我仍不禁對這個答案抱持著一些疑慮。這和是否應該告訴病人他得了絕症，不是很像嗎？難道應該剝奪他最後一次面對生命的機會嗎？難道不是該告訴他真相，讓他喚起所有他尚未喚起的內在力量去克服恐懼，獲得內心的寧靜和力量嗎？這個問題常常受到討論。在我看

---

4 譯註：古希臘神話人物。

來，最謹慎的觀察者會拒絕教條式地二擇一。他們會認為該如何進行取決於病人的個性，必須在衡量過病人潛藏的內在力量，並了解他最深的願望（往往並未表達出來）之後再做決定。在我看來，按照任何教條式信仰把真相強加於病人，認為這必然「對他最好」，是不人道的。

對於衝突和錯覺，我們似乎也應該持同樣的態度。首先，是否應該告訴病人真實病情，這個問題有部分是純抽象的，所以是個錯誤的問題。因為對於無法忍受錯覺破滅的大多數個人和社會階層，並不會傾聽、理解和同意戳穿錯覺的分析——即便批判性思想家是以天使般的聲音說話仍無濟於事。這樣的例子很多，無須詳細列舉。不過，對那些抵抗得不是這麼激烈的人來說，他們保持錯覺就一定會過得更好嗎？

為回答這個問題，我們必須記住，覺察真相有一種解放的作用：它會釋出能量，去除心靈的迷霧。如此可以讓人更加獨立，有內在的核心，更具生命力。這樣的人也許充分意識到在現實中沒有什麼是可以改變的，但卻成功地以人的身分過一輩子。如果迴避痛苦和追求舒適是最高價值，那麼錯覺的確比真相更可取。另一方面，如果我們認為在歷史上的任何時代，每個人都生而具有成為一個完整的人的潛力，而且這唯一的機會將隨著死亡而終止，那麼擺脫錯覺便能成就個人價值，並因此達成自我實現的最高點。況且，一個人對真相了解越多，就越有可能在社會層面和個人層面兩方面儘早做出改變，而不是像通常那樣一味等待，直等到心靈、勇氣和意志都萎縮了，錯失了改變的機會。

因此可以得出結論：要邁向存在的藝術，最重要的步驟，是學習能夠提升覺察能力和批判性思維的一切方法。這無關智力高低、教育程度或年齡大小，而是品格問題。更具體地說，這關係到個人在面對各種非理性權威和偶像時，能取得何種程度的獨立。

如何實現更高程度的獨立？我在這裡能說的只是：一旦一個人覺察到不服從的關鍵重要性（這裡的「不服從」指內心的不服從，不是挑釁性、教條式的不服從），他會變得對服從的細小跡象非常敏感，會看穿合理化服從的藉口，會培養並有實踐勇氣，會發現一旦意識到問題及其核心意義，就能自己找出很多解答。這與任何事都相同：一個人只有當感到問題迫切、關乎生死的時候，才會發現解決的方法。如果沒有迫切的利害關係，人的理性和批判機能就會在低水準中運作，讓他顯得缺乏觀察能力。

另一種有益的態度是極端的不信任。既然我們聽到的大部分資訊要不是虛假就是半真實半扭曲，既然我們在報紙上讀到的內容大部分都經過扭曲的詮釋，那麼最好對它們持徹底的懷疑態度，先假定我們聽到的是謊言或扭曲。如果這聽起來太無情、太憤世嫉俗，我可以補充說我這話不能從字面上理解，只是想強調這種做法比持相反的假設健康得多：所謂相反的假設，就是一開始就相信聽到的是真話，直到它們被證明是假為止。

如果我強調我關注的是話語的真實性，而非誰是騙子，我的建議聽起來也許不會那麼憤世嫉俗。如果大多數人都可被歸類為騙子，儘管讓人難以忍受，事情會簡單得多，但事實卻是，那些說假話或半假話的人絕大多數相信自己說的是真話，至少是在說話時說服自己相信這一點。

關於鍛鍊自我覺察的步驟，我將在論心理分析和自我分析的一章中討論。在那之前，我想繼續談談學習生活的藝術的其他步驟。

9 專注

對於過著電腦化自動控制生活的人而言，專注力已經成為罕見的能力。相反的，人們似乎竭盡所能來避免專注。他們喜歡同時做幾件事情，比如同時聽音樂、閱讀、吃飯、與朋友交談。有一幅漫畫相當簡潔地表達了這種傾向：一名男性在床上方的牆壁安裝了一部電視，以便可以一邊做愛一邊看電視！

事實上，電視是教導人不專注的好老師。在節目中插播廣告的做法讓觀眾對不專注習以為常。閱讀習慣也表現出相同的傾向。選集式作品的出版風潮使這一趨勢更加突出。更糟的是，有些書提供作者思想的零星片段，以此做為完整著作的替代品，輕輕鬆鬆就可以掌握作者的「思想精華」。即使沒有選集或刪節本，許多學生也從來沒有閱讀整本書的習慣。讀一讀序言、結論和教授指定閱讀的部分，就算「知道」了作者的思想，無須花氣力集中注意力。

那些注意過日常談話的人會知道，人在談話中很少把注意力集中在一個話題和另一個人身上。當人獨處時，也會避免專注在什麼東西上。他們會立刻拿起報紙或一本雜誌——這類讀物輕鬆易讀，不要求真正的注意力集中。

專注之所以是那麼罕見的現象，是因為人的意志並未指向單一事物：因為沒有熱烈追求的目標，也就沒有事情值得集中注意力去努力完成。更進一步說，人害怕集中注意力，害怕如果他們太專注於某個人、某種想法或某件事，就會失去自己。自我越弱的人，越害怕因為專注於非自我（non-self）而失去自己。對於完全以擁有財物多寡來衡量生活意義的人，害怕失去自己是他們不願意集中注意力的主要原因之一。最後，專注要求的是內在活動，而非忙忙碌碌，既然忙碌在今日是成功的關鍵，就難怪人的內在活動會那麼稀少。

人害怕集中注意力還有一個原因：他們以為專注是太過費力的活動，會讓他們很快就感到疲倦。但事實正好相反，而且每個人都可以藉由觀察自己得知。注意力分散才會讓人疲倦，注意力集中則會使人清醒。這沒有什麼神祕可言。非專注的活動無須集結並鼓動人的能量，因為低水準的能量便足以完成任務。鼓動人的能量既能影響生理亦能影響心理，可讓人充滿活力。

歸根結柢，注意力難以集中是當代生產和消費體系整個結構所造成的後果。人的工作越是操作機器，或越是負責擔任機器還不能完成的工序，集中注意力的機會就越少。工作的單調使得注意力無法真正集中。消費也同樣如此。市場提供花樣繁多的商品，讓消費者不必也不可能專注於單一品牌。如果人只專注於幾種商品而不是很快地喜新厭舊，衝去買令人興奮的新產品，產業要何以為繼？

一個人要如何學會集中注意力？這個問題的答案要麼十分簡短，要麼十分冗長。限於篇幅，我只提供簡短的答案。

第一步，我建議練習靜坐。具體來說，方法是什麼都不做，只是靜坐。比如靜坐十分鐘，期間盡可能什麼都不想，只去覺察自己體驗到什麼。只有從來沒試過的人會認為做這件事很容易，嘗試靜坐的人立刻就會覺得相當困難。他會發現自己坐立不安，手、腿和身體總是動來動去。這種情形在他嘗試採取「經典坐姿」時會變得更加明顯。「經典坐姿」是指在法老王人像和圖片中看到的坐姿：雙腿不交叉，雙腳牢牢踩住地面，兩臂放在扶手或大腿上。這種姿勢既不像我們在老派軍事風格體操學到的那樣僵硬，也不懶散癱軟，而是另一回事：身體處在和諧位置，以活躍的方式感到充滿生氣和舒適。如果習慣了這樣的坐姿，再坐上椅墊太厚、太軟的椅子會感到不舒服，要坐椅背筆直的椅子才會舒服。

練習靜坐是學習專注的第一步。最好是在每天早上練習，每次十到十五或二十分鐘，晚上再練習一次（至少五到十分鐘）效果更好。如果可能的話白天再練習一次。達到相當程度的靜定以後（需要一至三個月），建議在靜坐時或靜坐後添加一些簡單、易實行的專注訓練。方法不一而足。你可以專注於一枚硬幣，並完全專注於硬幣的所有細節，直到閉上眼睛也能看見它的全部。可以專注於任何物品，比如一只花瓶、一個時鐘、一部電話、一朵花、一片葉子、一塊石頭，或任何你想專注的東西。也可以只專注於一個單字。

在練習的頭幾個月，很多雜念會在頭腦裡冒出，打斷專注。和對待其他活物一樣，用強迫手段對待它們並無好處。不應該試圖趕走雜念、把它們當成敵人，又在趕不走它們時像打敗仗一樣沮喪。需要溫和地對待它們，而這意謂著一個人必須對自己有耐心（沒耐心通常是意圖驅散雜念所造成的）。慢慢地，極其緩慢地，雜念闖入的頻率會減少，人也更能好好地集中注意力。

另一個影響專注的更大障礙是困乏，每逢靜坐就想打瞌睡。再一次，你對此必須處之泰然。你可以馬上嘗試恢復靜坐，或是先深呼吸幾下。如果仍然嗜睡，就停止靜坐，換適當時間再試。這些障礙讓練習專注變得艱難，不少人過了一段時間就會灰心喪志。他們也許會責備自己無能，或是把失敗歸咎於靜坐方法沒用。但是任何學習行為都一樣，必須具備容忍失敗的能力。

機器生產製造時，會不斷吐出大量的物件，不知道失敗為何物，但它也不知道卓越為何物。機器生產物品的過程已讓人產生一種奇特的錯覺，以為追求卓越之路既平坦又愉悅——以為拉小提琴一定不會拉出刺耳的聲音，以為研究哲學不會常常讓人感到困惑和失落，以為美味佳肴只要讀一讀食譜就做得出來。唯有明白：學習專注與取得任何一種成就相同，都必然會有失敗和不如意的時候，才能避免灰心喪志。

在做上述的簡單練習時，也應該鍛鍊專注在思緒和情感（可與靜坐同時或隨後進行）。例如，在讀一本關於某個重要主題的書籍時，一個人可以觀察自己是以什麼方式讀這本書；是不是讀了一個小時之後開始變得躁動不安；是否想跳頁閱讀；

如果第一次沒讀懂，是否重新閱讀一頁；是否對作者的觀點有所思考，並形成回應或提出自己的新觀點；是否試圖理解全書主旨，而不是只盯住某些字句，想以此反駁作者；是想學習新的東西，還是因發現相反觀點的錯誤之處，直接或間接地堅定了自己的觀點。

這些徵狀都有助於發現我們是否在專注地閱讀。如果發現我們並未專注，就應該透過努力掌握作者的思想去鍛鍊專注，其代價是讀書的冊數常常會因而減少。

專注對待另一個人和專注於思想，在本質上沒有什麼不同。不知道讀者的生活經驗是否能應證這個論點：大多數人的私人關係都因為完全缺乏專注而蒙受損害。我們判斷別人性格的本領通常很貧乏，因為對人的了解停留於表面，也就是只注意到言行舉止、身分地位和穿著打扮等。總之，我們觀察到的是一個戴著面具的角色（persona），不會揭下面具，看看原本在面具後方的人（person）到底是什麼模樣。只有在專注於對方時，我們才能做到這一點。但我們似乎都害怕去充分了解任何人——包括我們自己。

個體性（individuality）干擾了這個過程的暢順進行。當我們專注地觀察另一個人時，需要做出同情、關懷或是負面的厭惡等回應，這些反應都不利於電腦化自動控制社會的順暢運行。我們想要距離感，不想了解彼此太多，只要了解對方是否可以一起工作、一起生活，以及有安全感就足夠。因此，對一個人的了解不需要超過表面，深入了解反而令人不安。

還有其他有益於專注的活動，如某些體育項目（打網球或爬山）和遊戲（如下棋）。彈奏樂器、繪畫和雕刻都有此功效。這些活動無論專注與否都可以進行。如果是以非專注方式進行，自然無助於鍛鍊專注；如果是以專注方式來進行，效果會完全不同。但是，即使沒有做這些活動，人也能夠以專注的方式生活。正如下文將會提到，佛教的「正念」概念是指在任一時刻完全專注於正在做的事情，不管那是播種、打掃房間或吃飯。就像一位禪師所言：「當我睡覺，我就睡覺；當我吃飯，我就吃飯……」

10 冥想

鍛鍊專注的能力可以引導我們走向學習存在的藝術的基本步驟：冥想。

首先，我們得區分兩種不同類型的冥想：一種是透過自我暗示技術達到的，自我誘發的輕微恍惚出神狀態，它可以使精神和身體放鬆，讓鍛鍊者感到神清氣爽，充滿活力。已故的舒爾茨教授在柏林宣導的「自律訓練」就是一例。成千上萬的人採用過這種訓練，一般收效良好。[1]舒爾茨從來沒有標榜此法是萬能的，僅稱它能使人精神放鬆。由於這種方法必須自己鍛鍊，也不完全是被動的，不會使鍛鍊者依賴老師。

與自我暗示型冥想形成對比的，是那些主要為實現更高程度的無執、無貪和

1 我和妻子都跟隨舒爾茨教授學習過，但因為對「自律訓練」的自我暗示特徵心存抗拒，所以所得不大。

無妄而設的冥想方式。簡言之，它們是為了達到更高的存在水準（level of being）而設。在佛教的冥想法裡，我發現了一種不神祕化、非暗示的簡單冥想方式，其目的是使一個人更接近佛教的目標，即斷除貪、嗔、癡。幸運的是，向智大長老（Nyanaponika Mahathera）對佛教的冥想法有極佳的闡述，[2]我推薦給有強烈興趣學習的人。

下面這段話概括了他的著作的內容。佛教冥想的目的，在於最大程度地覺察我們的身體和精神過程。作者寫道：

> 就像佛陀在《念處經》（*Satipatthana*）裡教導的，[3]有系統地修習「正念」仍然為訓練與發展心智提供了最簡單與直接的方法。它也是最徹底與有效的方法，不只適用於日常與工作，也適用於最高目標——讓心靈斷除貪、嗔、癡的不動解脫。
>
> 佛陀的教導提供各種修心方法與禪修主題，適合各種人的需要、性情與能力。然而這一切方法最後都歸結到「正念之道」——佛陀本人稱之為「唯

一道路」（*eka ayana magga*，一行道）。因此「正念之道」無疑可被稱為「佛教禪修心要」，甚至是「法心」（*dhamma-hadaya*）。這個偉大的「心」，事實上是鼓動血脈，流貫整個法身（*dhamma-kaya*）的中心。

這個古老的「正念之道」在今日和在兩千五百年前同樣適用，無論在西方或東方，在紛擾的生活中或在比丘的寮房裡，都是如此。

事實上，「正念」是「正命」與「正思惟」不可或缺的基礎，無論在何處、何時，對任何人都一體適用。它對世人具有一項極其重要的訊息——不只適合虔信佛陀與其教法的人，而且適合所有努力調伏其難調之心的人，以及真心想要開發心的潛能，讓它更強大與更快樂的人。[4]

2 Nyanaponika Mahathera, *The Heart of Buddhist Meditation* (New York: Samuel Weiser, 1973 [first published 1962 by Rider & Co., London]).

3 Cf. chapters 2-5 on Watchfulness in Moshe ChavimLazetto, *The Path of the Just*, Feldheim Publ. Jerusalem and New York, 1974 (sec. edition) tr. by S. Silverstein.

4 *The Heart of Buddhist Meditation*, pp. 7, 8.

除了在每日的冥想練習（其核心是覺察呼吸）裡修習正念，在日常生活的每一刻也該如此。這意謂著做任何事情都不可分心，應當全神貫注於你正在做的事情，不管你是在散步、吃飯、思考或觀察，好讓生活因為有充分的覺察而變得完全透明。向智大長老說：「正念包含整個修習者和他全部的經驗領域。」[5]它延伸至生命的各個領域：延伸到一個人的心靈狀態和心靈內容。每個經驗如果受過正念的洗滌，就會變得清晰、分明和真實，而不是習慣性、無意識和散漫。達到充分正念狀態的人是充分醒覺的，能覺察到現實的深度和具體性。他會專注而不分心。

能加強正念的首要練習是呼吸。正如向智大長老所強調：念想呼吸「是一種正念練習，而不是呼吸練習」。

> 在佛教的修行中，並無「屏息」或任何其他對呼吸的干涉。只對它的自然流動，進行安靜的「單純觀察」。這種關注堅決而穩定，但同時是輕鬆與「活躍」的，即不勉強、不緊張，注意呼吸的長短，但不刻意調節。然而，

藉由規律的練習，將自然地形成安定、均等與深長的呼吸；呼吸的平靜與深化，也將生活節奏導引至平靜與深化的境界。因此，入出息念（Mindfulness of Breathing）是身、心健康的重要因素，不過這只是修行的副產品。[6]

根據向智大長老描述的古典佛教冥想法，念想呼吸之後應該念想身體姿勢，念想身體所有功能，然後念想感覺，念想心靈狀態（自我知識）和心靈內容。

在這短短的篇幅中，想要清晰闡述向智大長老所屬之上座部佛教的禪修細節是不可能的。因此，那些對確實能增加覺察力的冥想法感興趣的人，我推薦他們讀《佛教禪修心要》（*The Heart of Buddhist Meditation*）。但我想對這項推薦加上一個提醒（儘管書中已經提到這種方法「不僅適用於佛陀的追隨者」）：向智大長老是學識淵博的佛僧，而且他介紹的是傳統形式的佛教教義。

5 同前引書，p.57。

6 同前引書，p.61.

很多人像我一樣，並不認同一些佛教教義，例如不認同輪迴的概念，不認同小乘佛教否定生命的傾向，或不喜歡透過想像屍體的汙臭以了解人的渴望終屬徒勞的道理。要完全按照向智大長老的說明來練習冥想似乎很難。不過，在我看來，撇開剛才提到的那些教義，佛教的兩個核心教義，仍然是很多像我一樣不是佛教徒，但對教義的核心概念印象深刻的人可以接受的。

其一是我們應該以克服貪、嗔、癡為人生目標。在這方面，佛教的倫理規範基本上無異於猶太教和基督教。更重要的是佛教思想的另一項教義（這一項有別於猶太教和基督教傳統）：要求對一己的內外達到最優覺察（optimal awareness）。相對於印度教的正統性，佛教是革命性的運動，也因為持無神論而遭受多個世紀的迫害。佛教具有一定程度的理性和批判思維，在西方宗教相當少見。其教義的核心是，透過充分地覺察現實，貪、嗔、癡是可以克服的，也因此苦是可以克服的。它是哲學——人類學的體系，透過對人類生命樣態的觀察與分析，總結出的一套生活規範。

向智大長老非常清晰地表達了他自己的觀點。他形容冥想的功能是「製造越來越高的意識清明與強度，呈現一幅越來越去蕪存菁的現實圖像。」[7]他認為冥想可以讓人以「一種自然、密切和更友善的方式」來接觸「潛意識」。[8]他寫道：「以這種方式，潛意識將變得越來越『連貫』，且更易於控制，換言之，就是能與支配傾向的意識協調，並幫助它。藉由減少從潛意識浮現之不可預測與難以管理的元素，人在自我依賴時將獲得一個比較安全的基礎。」[9]

在結束說明修練正念時，向智大長老強調了佛教思想中極重要的元素：對獨立與自由的堅持。他寫道：「在它的自我依賴精神中，正念無須任何費心的技巧或外在的輔助，日常生活便是它運作時的素材。它和一切奇特的教派與儀式都無關，

7 同前引書，p.26.

8 同前引書，p.82. 向智大長老選擇採用「潛意識」一詞有他很好的理由。但我偏好使用「無意識」，因為它不暗含「位在意識下面」的意思。

9 同前引書，p.82.

而且不以任何方式授予『灌頂』或『祕傳知識』，所需要的只是自覺。」[10]

我們已經看到，佛教冥想法的精華在於達到對現實，特別是對身心的最佳覺察。即使是遵從傳統形式佛教冥想法的人，同樣會產生疑問：這種形式的冥想法能否透過納入新的覺察面向而加以擴大（傳統方法對此只有暗示）。依我之見，佛教冥想法的確有兩種這樣的延伸，儘管它們不與佛教冥想法或其他類型冥想法關聯，甚至只是練習靜坐，一樣具有顯著的成效。

至於有助於更好地覺察身體的方法，是我上面已經提過：即「感官覺察」、「移動的藝術」和太極拳。

佛教冥想法的另一方面是「製造越來越高的意識清明與強度，然後呈現一幅越來越去蕪存菁的現實圖像」。[11]向智大長老自己提到了「以一種更友善的方式來接觸無意識」，這種說法離精神分析方法只有一步之遙，其目的是觀照人的無意識領域，可能是佛教冥想法的重要補充。

向智大長老耐心而深刻地解釋佛教冥想法和佛教教義，他同意這種心理分析探索很可能可以視為傳統佛教冥想的一種補充，讓我深受其惠，但我想再一次強調，依我之見，精神分析作為一種達到最佳覺察的方法，本身就是獨立且有效的方法，與佛教或任何其他冥想方法無關。

10 同前引書，p.82.

11 同前引書，p.26.

Part4
何謂自我分析

本章與前面討論的自我覺察仍然可能有所關聯，
前提是假設精神分析還有著「超乎治療的」功能，
而且是增強自我覺察，
並因此帶來內在解放的一種最適當的方法。

11 精神分析和自我覺察

本章與前面討論的自我覺察仍然可能有所關聯，前提是假設精神分析還有著「超乎治療的」（trans-therapeutic）功能[1]，而且是增強自我覺察，並因此帶來內在解放的一種最適當的方法。

這項假設並不是每個人都接受。很可能大部分的外行人和內行人，都會把精神分析的本質定義為：將受到壓抑的性記憶和與之相關的情感帶入覺察，用以治癒精神官能症。與上文的談論相較，這個定義中的「覺察」概念被大大窄化了，主要是對被壓抑的力比多力量（libidinal force）的覺察，其目的也限於傳統意義上的治療，即幫助病人減少「額外的痛苦」，將痛苦減低至普遍可接受的程度。

我相信，這個窄化的精神分析概念對佛洛伊德的發現所具備的真正深度與廣

1 譯註：「超乎治療的」功能即心理治療外的功能。

度並不公平。我們可以引用佛洛伊德本人的話為此說作證。當他在一九二〇年代更改他的理論，從強調力比多和自我的衝突改為強調「生存本能」和「死亡本能」的衝突時，他其實已放棄了力比多理論（儘管他仍試圖調和新舊兩種理論）。[2]而且，當佛洛伊德考量精神分析理論的精華有哪些成分時，他提到壓抑、阻抗和移情，卻沒提力比多理論，更未提到「戀母情結」。

為了了解看似是精神分析的核心概念——力比多理論——為何可能不是佛洛伊德最重要的發現，甚至不是正確的發現，我們得考慮一個更普遍的現象。每一位有創造性的思想家，都只能用他所屬的文化的思想模式和思想範疇來思考。通常，他最原創的想法都不是「可想像的」，所以，他必須透過扭曲（或窄化）他的發現來表達他的思想，好讓它們是「可想像的」。原創性的觀念起初必須以錯誤的形式表達，直到思想的發展隨社會的發展而推進得夠遠，原觀念才得以蛻去錯誤的舊殼，取得比原創者本人所知更重大的意義。

因為深受中產階級唯物主義的影響，佛洛伊德無法設想一種心理力量可以驅動人，除非它同時可被辨識為一種生理力量。性能量被認為是可結合這兩種性質的唯一力量。

於是，「力比多和自我的衝突是核心衝突」就成為必要的假設，讓佛洛伊德能以「可想像的」術語來表達他的基本發現。從力比多理論的桎梏解脫出來之後，精神分析的本質可定義為：發現了互相衝突的內在傾向的重要作用，發現了「阻抗」可以阻止人去覺察這些衝突，發現了「合理化」可以粉飾太平，發現了覺察衝突所具有的解放性效果，以及發現了未被解決的衝突是致病之由。

佛洛伊德不僅發現了這些普遍原則，還設計出具體方法去研究被壓抑的事物，也就是透過分析夢境、症狀和日常生活中的行為來研究。性衝動跟自我和超我的衝突只占很多人生命中核心衝突的一小部分（這些核心衝突是不是能圓滿解決，事關重大）。

佛洛伊德的發現所具有的歷史重要性，不在發現壓抑性衝動的後果。這種見

2 有關新、舊理論的這種轉變，還有佛洛德調和兩種理論的不成功嘗試，我在《人類破壞性的剖析》的附錄中有詳細討論。

解在他的時代是大膽的主張，但如果那就是佛洛伊德的最大貢獻，他不會有那麼驚天動地的影響力。這種巨大的影響力歸因於，他摧毀了認為人的思維和存在是一致的傳統觀念，歸因於他拆穿虛偽，歸因於他的理論是批判性，也歸因於他質疑所有意識層面的想法、意圖和道德，顯示出它們往往不過是隱藏內心世界的阻抗表現。

如果我們以我所勾勒的意義來解釋佛洛伊德的理論，那就不難主張精神分析的功能超越狹窄的治療範圍，還是一種可以透過覺察受壓抑衝突而帶來內在解放的方法。

在討論精神分析的非治療功能之前，我認為有必要先對濫用精神分析的潛在危險提出一些警告。人一遇到困境，都急著進行精神分析，但是有很多理由表明不要急著去嘗試，至少不要把它當作急救站。

第一個理由是，這會成為逃避自行解決困難的好藉口。正如前文提到的，如今盛行生活就該是一帆風順、毫無痛苦、無須費力的觀念；也有種普遍的看法，認為生活不應該出現任何矛盾、衝突和痛苦的抉擇。這些情況或多或少被認為是異常的或病態的，不是普通生活的必要部分。既然機器沒有矛盾衝突，那為何生物要有呢，除非是因為有構造或功能缺陷？

還有比這更天真的想法嗎？只有最膚淺、最隔絕的生活才可能不需要做決定，儘管做艱難的抉擇會讓人產生大量神經質症狀和身心症狀（如潰瘍或高血壓，它們是無意識衝突的表徵）。但如果一個人還沒有完全失去感覺的能力，如果他還沒有變成一個機器人，就幾乎無法避免面臨痛苦的抉擇。

兒子擺脫父母羈絆的過程就是一個例子。如果他意識到分離給父母帶來的傷痛，自己也會非常痛苦，不過，如果他以為做決定時感受到的痛苦和艱難表示他有神經質傾向，因此需要進行精神分析，那就說不通了。

另一個例子是離婚。當一個人決定離開妻子（或丈夫）會非常痛苦，但為了結束衝突和解除對自身成長的嚴重阻礙，這樣做又是必須的。在這種情況下，成千上萬的人相信自己必須接受精神分析，因為他們認定有一個「情結」導致他們難以抉擇。至少，這是他們在意識層面的想法。實際上，他們去找分析師往往有其他動機，最常見的是想延遲做決定的時間。他們採取的合理化說詞是，進行精神分析可以讓他們找出想離婚的所有無意識動機。許多夫婦同意一起去找分析師，然後再做決定。雖然分析可能持續兩年、三年或四年，他們也不以為意。正好相反，分析持續的時間越長，反而讓他們可以越遲做決定，但除了拖延做決定，很多人尋求精神分析的協助時抱著其他有意識或無意識的希望。一些人希望分析師最終可為他們下決定，或希望分析師會直接或透過「詮釋」的方式給他們建議。如果這個期望不能實現，他們有第二個期望：精神分析會讓他們內心清明，能夠毫無困難又毫無痛苦地決定離婚。當這兩個期望都未能實現，他們仍然可能得到某種好處：他們已對離婚這個話題太過厭倦，所以不再考慮便決定離婚或者繼續待在一起。在後一種情況下，他們至少有了一個雙方都感興趣的話題可以談論：自己的感受、恐懼、夢想……。換句話說，這種分析為他們的溝通提供內容，雖然主要談論的是自己的感覺，而不是對彼此的感覺有何改變。

還有更多其他的例子，比如：一個人放棄高薪轉而做更感興趣的工作；一個政府官員需在違背良心或辭職之間抉擇；一個人冒著失去工作或被列入黑名單的風險參加政治抗爭運動；一個牧師決定冒著被逐出教會、失去原有一切物質和精神保障的風險，憑良心講真話。

不過，與因為家庭衝突和個人衝突而去尋求分析師幫助的情形相比，因為良知和個人利益的衝突而求助於精神分析的情況要少見得多。這不禁讓人懷疑，這些家庭和個人衝突之所以被放在顯著位置，只是為了掩蓋更根本、更嚴重、更痛苦的衝突：良知、正直、誠實和個人利益之間的衝突。通常，後一種衝突甚至不會被看成衝突，而是立刻被當成非理性、浪漫和「幼稚」的衝動，被排除在進一步的考慮之外。然而，這些衝突是每個人人生中的關鍵，比離婚與否要關鍵得多。關於離婚，人們大多數時候只是用一段新的婚姻取代舊的婚姻。

不要輕易嘗試精神分析的另一個理由在於，被分析者會在分析師身上尋找，並找到一個新的父親型人物，產生依賴心理，從而阻礙了自己的進一步成長。

古典精神分析學家會說事實正好相反：病人會在移情於分析師的過程中，發現自己對父親的無意識依賴，而透過分析移情，可以同時消解移情和病人對父親原來的依賴。在理論上確實如此，在實踐中也時常發生。但很多時候情況卻正好相反。受分析者可能確實斬斷了與父親的紐帶，但又在這種獨立的偽裝下和分析師建立新的紐帶。分析師成為他生命中的核心人物，成為他的權威、顧問、良師和益友。這種事經常發生，原因之一是古典佛洛伊德理論包含的一個缺陷：根據佛洛伊德的基本假設，所有「非理性」現象，例如依賴強大權威的需要、無節制的野心、貪婪、施虐癖和受虐癖，都源於幼時經歷，而這些經歷是理解個人後來發展的關鍵（儘管理論上他也承認體質因素的影響力）。因此，依賴權威的需要被解釋為源自兒時的弱小無助。當同樣的依賴出現在病人和分析師的關係中時，它被解釋為「移情」，即從一個對象（父親）轉移到另一個（分析師）。這種轉移經常發生，是重要的心理現象。

但這一解釋過於狹隘。實際上不僅是兒童，成年人也一樣會有無力感。這種無力感源於「人的生命處境」。意識到威脅他的諸多危險，意識到死亡、未來的不確定性和自己知識的有限，人不可避免地感到力不從心。個人這種生命的無力感又被他的歷史的無力感[3]所大大增強：只要是有菁英階級剝削大多數人的社會，人們就會比處在自然民主（natural democracy）狀態下的人感到無力許多（自然民主狀態存在於大多數原始社會4，也可能會存在於以團結而非敵對為基礎的未來民主社會）。

因此，同時出於生命的原因和歷史的原因，人總是尋求依附各種「無所不能的貴人」：巫師、祭司、君王、政治領袖、父親、老師、精神分析師，和各種制度，例如教會和國家。那些剝削他人的人通常願意充當父親角色，也被欣然接受。一個人寧願服從號稱是為他好的人，也不願承認自己是基於恐懼和無能而服從。

因為受所處時代的思想框架限制，佛洛伊德雖然發現了移情現象，卻無法看出它更廣泛的意涵。透過發現移情現象，他發現了其中一種最強大有力的人類驅動力：偶像崇拜（轉化）。這種驅力源於人類生命的不確定性，它試圖透過把某個人、某種制度或某個觀念轉化為絕對（即轉化為偶像），來創造確定性的錯覺。偶

3 譯註：「生命的無力感」指人類生命處境造成的無力感，「歷史的無力感」指歷史處境造成的無力感。

4 有關這個主題，參見我在《人類破壞性的剖析》中的討論。

像崇拜在歷史上的心理和社會影響力幾乎無法估計，這種沉重的錯覺大大斲傷了人的積極性和獨立性。

精神分析師的主顧大多是中層和中上階級的自由派分子。對他們來說，宗教已不再發揮有效的作用，他們也不再持有熱烈的政治信念。上帝、皇帝、教皇、拉比，或有魅力的政治領袖，都不能填補這空白。於是精神分析師成了上師、科學家、父親、牧師（或猶太教拉比）的混合體。他不會強人所難，他態度友好，會把生活中的所有真實難題——社會、經濟、政治、宗教、道德、哲學等的難題——全都轉化為心理問題。在他那裡，病人的一切都可以被解釋為出於亂倫願望、弒父衝動或肛門期固著（anal fixation）。當世界被化約為這樣的中產階級小宇宙，它就變得簡單、可解釋、可管理和舒適。

一般精神分析的另一危險在於，病人往往只是嘴上說想要改變。如果他被惱人的症狀所苦，例如失眠、陽痿、恐懼權威、與異性關係不愉快或感覺萎靡不振，他當然希望能擺脫這些。誰不想呢？但他不願意去經歷成長和獨立過程中必須要經歷的痛苦。他是如何解決這個兩難困境的呢？他期待著他只需遵循「基本規則」（不加以檢視，想到什麼說什麼），他就可以無疼痛也無須努力地被治癒。簡言之，他相信透過談話就可以獲得「救贖」。但世上沒有這種事。如果不曾經歷痛苦或不願意經歷，沒有人能夠成長，也沒有人能追求到任何值得追求的東西。

一般精神分析還有一種危險是人們最少料到的：將情感經驗「思想化」（cerebralization）。佛洛伊德的意圖顯然相反：他要突破一般的思維過程，抵達經驗，也就是抵達表面思維背後那些生嫩的、未被理性化的和不合邏輯的感受和想像。他確實在催眠狀態、在夢境、在症狀和許多不受注意的行為細節中發現了這些。但是在精神分析的實踐中，原初目標的消失了，取而代之的是一種意識形態。精神分析越來越被改造成一種研究個人發展史的歷史研究，其中充斥著理論解釋和理論建構。

分析師有一堆理論假設，並運用病人的聯想來證明他的理論正確。分析師是真誠的，因為他深信精神分析理論是正確的。他也相信被分析者提供的材料必定複雜而真實，因為它們與理論相符。他所使用的方法越來越變成是一種「解釋」。下面是一個典型例子。一個病人因強迫性飲食習慣導致過胖，而分析師的解釋是，她的強迫症和隨之而來的肥胖，是源於想吞下父親的精子並懷孕這種無意識的渴望。對於她不記得有這種願望和幻想這一點，又被解釋為是痛苦的兒時經歷受到了壓抑所致。這個源頭是在理論的基礎上「重構」出來的，而分析師接著要做的，主要是以病人更多的聯想和夢境來證實重構的正確性。他假定，當病人完全「理解」她的症狀的涵義，就會被治癒。

基本上，這種詮釋法是要透過解釋來治療，它所問的關鍵問題是：「為什麼會形成精神官能症症狀？」當病人被要求繼續聯想時，他會在知性上研究有關自身症狀的起因。如此，本意是以經驗為核心的方法遂被改造為知性的研究。即使這種方法的理論前提正確，它也不會導致改變，除非是那些被暗示引導出來的改變。如果一個人接受一段相當長時間的精神分析，並被告知他的精神官能症源自這樣或那樣的因素，他很容易就會相信，而基於他相信發現原因便得以治癒的原理，症狀也可能隨之消除。這種機制出現的頻率之高，以至於唯有在病患不知道他吃的是藥物還是安慰劑的前提下，科學家才能接受某種藥物真的可以治癒某種症狀——不僅病患不能知道，醫生也不能知道（稱為「雙盲測試」），這樣才能確保病人不受自己的預期心理影響。

如今，情感淪於思想化的危險更加嚴重，因為現在人們與自己的情感經驗疏離的風氣大盛，導致他們在認識自己和世界時幾乎完全採取知性的方法。

儘管精神分析的一般實踐存在一些風險，我必須承認，經過四十多年的執業，我比以往任何時候都更加深信，正確理解和實踐精神分析對幫助人類大有裨益。對精神分析的傳統適用領域——治療精神官能症——就是如此。

但是，我們在此主要關心的，並非作為治療精神官能症方法的精神分析，而是精神分析的一種新功能，我稱之為超乎治療分析（transtherapeutic analysis）。它可以始於治療性分析，但不止於症狀的治癒，而是繼續深入，邁向超乎治療症狀的新目標。又或者它可以在一開始設定一個非治療性目標，並不以解決顯著的心理—病理問題為第一要務。關鍵在於，目標不僅僅是讓病人恢復「正常」。對身為治療師的佛洛伊德來說，這項目標並不是他的關注所在，不過他對此也不像一般人所以為的那麼陌生。雖然他的治療目標是將病人調整到「正常」運作狀態（「能夠工作和愛」），他最大的抱負卻不在治療領域，而是要創造一場啟蒙運動：透過覺察和控制非理性的激情為啟蒙奠定基礎。這種抱負強烈到經常讓佛洛伊德看起來像個想用鼓吹「運動」來征服世界的政治領袖，多於像個科學家。[5]

我提出的「超乎治療法」的目標，是透過充分的自我覺察來達到自我解放，由此獲得幸福、獨立、愛的能力和批判性、不抱幻想的思維，重視的是「存在」而非「擁有」。

超乎治療的精神分析（「人本主義的」精神分析）對佛洛伊德的理論進行了部分修訂，特別是修訂了他的力比多理論，因為這理論對作為理解人類的基礎而言過於狹窄。修訂後的分析理論不再以性欲和家庭為中心，主張人類生命的具體處境和社會結構更加關鍵，驅動人的激情在本質上並非本能，而是由自然環境和社會條件相互作用所形成，因此可稱為人的「第二天性」。

過去我有時會使用「人本主義的」精神分析這個詞，後來又揚棄不用，部分是因為它被一群我並不贊成其觀點的心理學家採用，部分是因為我想避免讓人以為我建立了一個新的精神分析「學派」的印象。經驗表明，建立學派對精神分析理論的發展，和提升分析師的能力都有害無益。佛洛伊德自己的學派顯然就是如此。我相信，佛洛伊德之所以不敢大刀闊斧修改自己的理論，是因為必須以一套共同的意識形態將追隨者維繫在一起。如果他改變了基本理論立場，就等於剝奪追隨者賴以統一的信條。此外，「學派」和它的「認證」對學派成員有極其不良的影響。「成員」這種身分為許多人提供道德上的支持，讓他們感到對自己的職業勝任愉快，無須進一步努力學習。據我的觀察，正統派是如此，其他非正統派也是如此。這些觀測結果使我相信，分門別派是不可取的，只會導致教條和無能。[6]

此外，超乎治療的精神分析其研究程序也是不同的：它更活躍、更直接和更具挑戰性。儘管如此，它的基本目標仍與古典精神分析一致：揭示潛意識的驅力，

---

5 參見E. Fromm, *Sigmund Freud's Mission* (New York: Harper & Bros., 1959)；另參見佛洛伊德寫給榮格的信（信中的政治關懷有時強烈得讓人震驚）：*The Freud/Jung Letter,* ed. W. McGuire (Princeton: Princeton University Press, 1974).

6 我在很多著作都談過這些理論觀點，談得最詳細的是在《人類破壞性的剖析》。

辨識阻抗、移情和合理化，以及把解夢視為理解潛意識的康莊大道。

不過，需要對上述的說法加上一個但書。追求充分成長的人也可能帶有精神官能症症狀，因此同樣需要以精神分析作為療法。當一個人沒有被完全異化，當他仍然保持敏感和能夠感覺，當他還沒有失去尊嚴感，尚未「待價而沽」，還會對別人遭受的痛苦感同身受，還沒有完全按照擁有多少物品來衡量生命價值——簡言之，如果他還是一個人，而非一件物品時，他一定會感到孤獨、無力和被當今社會所隔離。他會不由自主地懷疑自己和自己的信念，甚至懷疑自己的理智。他會不由自主地感到痛苦，儘管他可以體驗到喜悅和清明的瞬間（這是他的「正常的」同時代人體會不到的）。他會得到精神官能症並不讓人意外，只不過他罹患精神官能症的原因，並非從前那種「病態的人試圖讓自己適應病態的社會」，而是因為「健全的人生活在瘋狂的社會」。在他的分析的推進過程中，也就是在他邁向越來越獨立和富創造性的過程中，他的精神官能症症狀自會痊癒。說到底，各種精神官能症之所以發生，都意謂著一個人沒能解開生命的難題。

12 自我分析

如果說探索自己的無意識領域應該是冥想的一部分，我們不禁要問，一個人能否在進行冥想時分析自己。毫無疑問，這是非常困難的，最好是由專業分析師來引導他進行自我分析。

第一個要回答的問題是，什麼樣的分析師能夠勝任這種超乎治療的精神分析。如果分析師本人一直不以此為目標，他就很難理解病人的希冀和需要，這並不是說他必須自己達成這個目標，而是他需要朝著這個方向前進。由於追求這個目標的分析師相對較少，要找到這樣的人選不太容易。

我們應該遵循一條規則：就像出於嚴格的治療原因選擇分析師一樣，我們應該對分析師進行深入的調查，多走訪認識他的人（患者和他的同事），不要相信知名人士或機構的推薦。有些病人崇拜自己的分析師，對分析師讚不絕口，我們應該對這些說法持懷疑態度。想要形成對分析師較準確的印象，需要一次、兩次甚至十次的面談，期間以他觀察你的應有仔細態度觀察他。被不合適的分析師分析多年，就像和不合適的人維持多年婚姻一樣有害無益。

至於分析師屬於哪個「學派」，這本身無足輕重。咸認「存在主義」精神分析師更關心人類目標的難題，也有些人確實如此。另一些人則專業知識不多，只是引用胡塞爾（Husserl）、海德格、沙特的哲學術語作為噱頭，沒能真正進入病人的人格深處。榮格學派以最關注病人的精神和宗教需求著稱。他們有些人確實如此，但也有許多人熱心於神話和類比，無法進入病人內心深處和他自己的無意識領域。

「新佛洛伊德派」也不一定比較可靠。不要當一個佛洛伊德派，那是不夠的！有些「新佛洛伊德派」分析師採用的分析法接近我前面描述的，但還有許多人的方法相當膚淺，缺乏深度和批判性思維。離我揭櫫的理想最遠的，大概是正統的佛洛伊德派：力比多理論和片面強調兒時經歷已成了他們發展的阻礙。然而，儘管有教條傾向，他們其中仍有一些人擁有必要的個人品質和個人哲學，能夠擔當引導病人充分覺察自己內心真相的重任。

總之，我相信分析師的能力高低和他屬於什麼學派關係不大，更重要的是他的性格、品質、批判性思維的能力和個人哲學。

與分析師為人的問題密切相關的，是他使用的方法。首先，我不相信以引導自我分析為目的的分析需要持續很長的時間。在一般情況下，持續六個月、每週兩小時就足夠了。這需要一種特殊的技巧：分析師不應該是被動的，在聆聽了五至十小時後，他應該對病人的潛意識結構和阻抗強度有一定的認識。這時，分析師應該能夠把他的發現攤開在病人面前，然後分析病人的反應，特別是分析病人的阻抗。此外，分析師應該從病人的夢境開始分析，用夢境的內容來引導病人自我分析，然後把他們的解釋（還有其他資訊）和病人交流。

到這個階段結束時，病人理應對自己的無意識已經有足夠的認識，能夠把阻抗減低到可以進行自我分析的程度。他人生此後每一天的自我分析由此展開。我之所以這麼說，是因為對自己的認識是沒有盡頭的。以我自己為例，過去四十年來我每天都進行自我分析，而這種分析至今仍會帶給我新的認知，不然就是可以深化我已有的認知。但是，特別是在自我分析剛開始時，病人如果發現自己「陷入困境」，回頭找分析師幫助可能會有用。但這只能作為最後手段，否則會有恢復依賴分析師的危險。

為自我分析作準備的入門分析[1]是最可取的步驟。這個過程非常困難，理由不僅是因為許多分析師的能力不足，也因為他們通常採用的分析方法，不適用於只看了六個月後便不怎麼見得著的病人。這種工作不僅需要一種特殊的興趣，也需要有相當彈性的時間表。我相信，如果超乎治療的自我分析變得更普及，一些精神分析師將會專門從事這方面的工作，或至少把一半的工作時間投入於此。

但是，如果沒有找到合適的分析師、因各種原因無法前往，或是財力無法負擔時該怎麼辦？我們可能進行自我分析嗎？

回答這個問題取決於多項因素。首先，它端視追求解放的意志有多強烈。有時，這種意志會無法發揮作用，哪怕人腦是內建著追求健康與生活福祉的傾向（也就是追求可以促進個人和人類物種成長、發展的各種條件）。[2]這種保存健康的傾向在身體上的表現是眾所周知的：藥物所能做的只是為這種傾向掃清障礙，讓其可以發揮作用。事實上，大部分的疾病都可以在沒有任何干預的情況下自癒。近年來，人們開始發現同樣情形也見於精神健康（在技術干預較少的較早期時代更常見）。

對自我分析不利的因素是嚴重的病態狀態，這種狀態在「常規」的長期分析[3]中也屬於難處理的。此外，一個人的生活環境也是極為重要的因素。例如，如果一個人因為繼承了父母遺產（或配偶的遺產）而不需賺錢謀生，他就比不得不工作、也因此較不容易保護自己的人，更難進行自我分析。當人生活在某個所有成員都有著同樣缺陷的群體裡，他很容易會把這群體的價值觀視為正常。

另一種不利的情況是，一個人賴以維生的手段恰恰需要他的精神官能症特質，如果他作出改變，將會飯碗不保。有關這一點，我們可以想想演員：自戀是他們獲得成功的必要條件。又例如，一個官僚如果沒有服從性，可能會失去工作。最後，一個人的文化和精神背景也十分重要。是不是接觸過哲學、宗教或批判性的政治思

---

1 譯註：指一個人在開始自我分析前先找分析師進行的引導性分析。

2 有關這個假設，參見我在《人類破壞性的剖析》的討論。

3 譯註：指持續兩、三年或以上的一般精神分析。

想，還是從來沒有越出自己的環境和階層的文化模式觀點，其間的差別十分巨大，往往是決定性的。最後，智力高低倒不是決定性因素。高智力有時只會導致更嚴重的阻抗。

13 自我分析的方法

要充分說明自我分析的方法需要一整本書的篇幅，這裡我只能提幾個簡單的建議。

開始之前，我們必須先學會靜下來、學會放鬆地坐著和學會集中注意力。做好這些之後（至少要做到一定程度），才能以不同的方法往下進行（這些方法絕不是相互排斥的）。

（一）靜坐時可以嘗試記住闖入腦海中的雜念，然後「以感覺的方式進入雜念」，目的是看它們到底是什麼，之間是否有關聯。又或者是觀察某些徵狀，如疲倦（雖然有足夠睡眠仍然出現的疲倦）、沮喪、憤怒，然後「摸索」引發這些反應的對象為何，以及在這種表面感覺的背後有什麼無意識體驗。

我刻意不說「思考」這個字眼，因為理論思考不會讓人得到答案，能得到的頂多是理論上的推測。我所說的「摸索」是指富有想像力地「咀嚼」各種可能的感覺，直到——如果成功的話——對表面感覺（例如疲倦）來源的某種體認得以清晰浮現出來為止。舉個例子：你可以試著回憶以前有這種疲倦的例子，並回憶後來是否有意識到疲倦的原因。你也可以想像疲倦背後幾種可能的原因：例如可能是你試圖拖延某項難以完成的任務；可能是因為你對朋友或心愛的人有一種矛盾的感覺；可能是因為你受到批評而「自戀受損」和引起輕微憂鬱；可能是因為你在與某人會面時假裝友好。

還有更複雜的例子：一個男的愛上一個女的。幾個月後，他突然感到疲倦，情緒低落，無精打采。他可能試著找到各種合理化的解釋，比如工作上不太稱心如意（其實這可能也是導致疲倦的因素所引起），或對政治發展感到失望和難過。如果他得了重感冒，就可由此得到讓他滿意的答案。但是，如果對自己的感覺是敏銳的，他就會觀察到，最近他總在挑女友的小差錯，會夢到她有張醜臉和欺騙他。又或者他可能會注意到，以前他總是很渴望見她，但現在卻會找藉口將約會延期。這些和許多其他微小的跡象表明，他和她之間的關係出現了問題。如果他專注於這種感覺，他就會突然發現自己對她的觀感已經改變，發現他當初因為被她的性魅力吸引，而沒有注意到她的某些負面特徵，發現她的甜美笑容，如今顯得有心計又生硬。

對於這種變化，他追溯至某個黃昏。當時，他走進一個房間，看見她和幾個人聊天，卻沒看見他走進來。那一刻，他的感覺近乎噁心，但他把這種感覺歸結為「神經質」或非理性，置之不理。然而第二天早上，他卻帶著已持續幾星期的鬱悶醒來。他曾試圖壓抑這種新的覺察和疑惑，因為在意識層面的生活中，仍要繼續上演愛戀和讚美的劇本。衝突僅能以間接的方式（例如感覺無精打采和鬱悶）表現出來，因為他既不能以歡愉和誠實的心來享受他的「愛情」，也無法斷絕關係，因為他已經把他對自己情感變化的覺察壓抑下來。但是一旦睜開雙眼，他可能會重拾他的現實感，認清他的感覺，帶著真正的痛苦（卻不會繼續鬱悶）結束這段情。

還有另一個分析症狀的例子：一個年過四十的單身漢患有強迫性恐懼症，每次離家出外時總懷疑電爐沒有關，擔心會因此引發火災，燒毀整棟房子，把他的寶貴藏書付諸一炬。因此，每次外出，他總是身不由己要匆忙趕回家看看。這種衝動顯然擾亂了他的正常活動。

這種症狀有一個簡單的解釋。差不多五年前，他因為癌症動了手術。他的醫生表示手術很成功，只不過未來五年內癌細胞有可能會擴散，「像火一樣蔓延開來」。這個男人非常害怕，所以把癌細胞會蔓延的想法徹底從意識排除，以害怕火災在房子裡蔓延的恐懼來取代。雖然這種恐懼也讓人不舒服，但比恐懼癌症復發的折磨要小得多。當被壓抑的恐懼被意識化之後，他對火的強迫性恐懼消失了，但對癌症的恐懼也沒有恢復，這很大程度是因為手術已經過了快五年，癌症復發的危險已經大大降低。

這個「意識化」的過程通常都伴隨著解脫感，甚至伴隨著喜悅，即便被意識到的內容本身沒什麼是可讓人高興的。此外，不管新發現的內容是什麼，只要順著它進行進一步的「摸索」，就可能在當天或稍後導致一些新的發現或延伸性影響。關鍵在於不要落入複雜的理論猜想陷阱。

（二）另一種是相當於自由聯想的方法。放開對頭腦的控制，任由思緒進入，然後審視它們，試圖發現它們之間的隱藏關係，以及試圖發現有哪些阻力使你想要阻止思緒的流動，直到某些本來沒有在意識裡的元素浮現為止。

（三）還有一個方法是自傳式方法。我是指對自己一生的沉思，從對兒時的沉思開始，以預測自己未來的發展作結。嘗試回憶起意義重大的事件，回憶起幼時的恐懼、希望和失望，以及回憶那些讓你降低你對他人和自己信任的事件。

問自己：我依賴誰？我主要的恐懼是哪些？我本來要成為什麼樣的人？我曾經有哪些目標，它們是如何發生改變的？我在人生的哪個十字路口選錯了方向並走錯了路？我做了哪些努力來糾正錯誤並返回正確的道路？我現在是誰，而如果我一直以來都決定正確和沒有犯重大錯誤，我本來會是誰？我很久以前、現在和將來想成為什麼樣的人？我眼中的自己是什麼樣的？我希望別人怎麼看我？這兩個形象與我感覺到的真實自我有何差異？如果我繼續像現在這樣生活，以後會變成什麼樣子？促使我以現在的樣子發展的條件是什麼？有哪些進一步發展的可能性現在是對我開放的？我必須做什麼努力才能實現我選擇的可能性？

這種自傳式研究不應該用精神分析理論去做抽象建構，而應該停留在經驗的層次，去觀察，去感知，去想像，把理論性思考減到最低。

（四）與自傳式方法密切相關的，是嘗試揭示我們自覺的人生目標，與尚未意識到卻可決定我們人生的目標之間的落差。許多人都有這樣的兩套劇本：一套是意識層面的、「官方的」的劇本，下面覆蓋著主宰我們行為的、無意識層面的「祕密劇本」（secret plot）。古希臘許多戲劇都在表現這兩套劇本之間的落差，並把祕密劇本歸因於「莫伊拉」（moira），即「命運」。「莫伊拉」是人的無意識劇本的異化形式[1]，這劇本存在於人的內心深處，主宰著他的生活。例如，伊底帕斯（Oedipus）的悲劇就無比清晰地顯示了這種落差：伊底帕斯的祕密劇本是弒父娶母，而他的有意識劇本是無論在任何情況下都避免犯下這種罪行。然而，祕密劇本的力量要更強大：在違背自己的意圖和沒有意識到自己在做什麼的情況下，伊底帕斯一步步地按照祕密劇本演出。

有意識劇本和無意識劇本之間的落差程度因人而異。一端是那些沒有祕密劇本的人，他們在成長的過程中一直完全做自己，不需要壓抑什麼。另一端的人也可能沒有祕密劇本，這是因為他們完全認同一個「惡的」自我，以至於不去假裝自己還有一個「較好的自我」。前者有時也被稱為「正人君子」（just man）或「覺者」（awakened one）；後者病入膏肓，有不少醫療標籤可以用在他們身上，卻無助於加深對他們的了解。絕大多數人處在這兩個極端之間，但這群人之間也有一個重要區別：他們有些人的有意識劇本是他們實際上所追求的東西的理想化，因此兩個劇本基本上是一樣的；另一些人的意識層面劇本則與祕密劇本恰好相反，其存在只為了更妥善地遮掩祕密劇本，好可以更密切地照著後者走。

在那些兩套劇本存在重大矛盾的情況中，嚴重衝突、無安全感、疑慮和浪費能量的情形就會發生，也會導致許多外顯症狀。這是無可避免的，因為在這種情況中，一個人得不斷花費大量能量，以避免意識到內心衝突，以避免被對自己身分的疑慮所困擾，以抑制對自己欠缺真誠和人格完整性所產生的模糊意識。他要麼繼續

1 譯註：指人的「祕密命運」其實不是起於命運，而是起於無意識衝動。

陷在這種病態狀態中，要麼探索被強烈壓抑的深層經驗。後者必然會引發不少焦慮。

以下是幾個祕密劇本的例子。曾經有個人（我很了解他，但沒有對他做過精神分析）告訴我這個夢境：

「我坐在一口當餐桌用的棺材旁邊。一道菜送上來，我吃了。接下來，一本書擺在我面前，許多偉人都在上面簽了名。我看見摩西、亞里斯多德、柏拉圖、康德、史賓諾莎、馬克思和佛洛伊德的名字。我被要求在最後面簽上我的名字，然後那本書便永遠闔上。」

這個做夢者具有非凡野心。儘管他知識淵博和聰明，卻無法不剽竊別人的觀念而單靠自己寫出一本書來。他有著施虐癖性格，但卻被他那些利他的、激進的觀念，和偶爾幫助他人的姿態所掩蓋。夢的第一部分流露出一種幾乎不加掩飾的食屍癖。如果把吃棺材上的午餐還原為未經審查的畫面，我們就會看見夢中人吃棺材裡的死屍。（這是佛洛伊德所謂的「夢工作」〔dream work〕常見的展現之一：把不被容許的隱性夢轉換成一種無傷大雅的「外顯」夢[2]。）夢的第二部分幾乎未經審查。做夢者的野心是成為世界上最偉大思想家之一，他的自私表現在他希望哲學的歷史以他結束：在他之後再沒有偉大的思想家可讓後代子孫受益。他的祕密劇本是吃偉人屍體：把過去的大師內攝（introject）到自己裡面，以讓自己也成為一個大師。這個祕密劇本他自己不知道，他周圍的人也不知道，這些人大部分都佩服他的才華、和善和懂得為人著想。

另一個祕密劇本的大綱：把母親從殘忍的父親手中救出，透過她的崇拜成為世界上最偉大的男人。或者：消滅所有活人以便只剩下自己獨自一人，從而擺脫無力感和對別人的恐懼。或者：巴結有錢有權的人，迎合他的喜好，好在他去世後繼承他的一切：物質財產、思想和聲望。又或者：感覺身處的世界是用食物做的監獄，活著的目的就是把監獄的牆壁全部吃光，因此，吃變成生活的目標，吃意味著解放。

2 譯註：佛洛伊德認為夢的內容必然是扭曲的，而夢的真義——他稱之為「隱性夢」（latent dream）——必須從外顯的夢（manifest dreeem）去推敲。

類似的例子還有很多，但它們的數目不是無限的。既然祕密劇本都是在回應人類生命的基本需要，它們的數量就只能是有限的，因為人類生命的基本需要也是有限的。

這是否意味著，我們實際上都是些叛徒、騙子、施虐狂，只是把自己掩飾起來，避免公然表現出來？假設去背叛、去說謊和去虐待的激情在我們內心是占支配地位的話，這當然是有可能的。這樣的人不在少數，他們也是最沒有動機去發現這個事實的人。

然而，在更多人之中，這些被壓抑的趨勢不占優勢。當它們浮現時，它們會與相反的激情發生衝突，十之八九會在隨後的鬥爭中落敗。覺察是讓這種矛盾更加尖銳的一個條件，但它不會因為讓我們意識到本來壓抑著的驅力而「消解」它們。

（五）第五個方法是讓自己的思想和感受以一個生活目標為中心，例如致力於克服貪婪、仇恨、錯覺、恐懼、占有欲、自戀、破壞性、施虐癖、受虐癖、不誠實、缺乏真實性、疏離、冷漠、戀屍癖、宰制女性的欲望或事事服從男性態度，以達到獨立性，獲得批判性思維、給予和去愛的能力。這種方法包括試圖揭露這些「壞」特質的無意識存在、它們被合理化的方式、它們如何形成一個人的性格結構的一部分，以及它們的發展條件。這往往是非常痛苦的過程，可能會引起很大的焦慮。它要求我們意識到我們的愛和忠誠其實是依賴性，意識到我們的善良和樂於助人其實是虛榮心（自戀），意識到我們的為別人好其實是施虐癖，意識到我們為正義而要求懲罰壞人其實是出於破壞性，意識到我們的審慎和「合乎現實」其實是懦弱，意識到我們的無比謙卑其實是出於傲慢，意識到我們不希望傷害任何人的行為方式其實是害怕自由，意識到我們的不想無禮其實是不真誠的表現，意識到我們的非常客觀其實是出於奸詐。總之，就像歌德所說的那樣，只有當我們能想像「我們犯了任何可想像的罪」，才能摘下面具，逐漸意識到自己是誰。

當一個人在對人友好中發現自戀成分，或在樂於助人中發現施虐癖成分，所感受到的震驚可能會十分強烈，乃至一時之間或一整天都會覺得自己一無是處，墮落至極。但如果沒有被震驚嚇退而進行分析，他會發現，他的震驚感是如此強烈（這是對自己的自戀式期許導致），足以對進一步分析構成阻抗，而且負面驅力畢竟不是一己內在的唯一驅動力。在這樣的事例中，一個人可能會屈從他的阻抗，停止自我分析。

正如前文討論覺察時一樣，我一直認為，「看」的能力是不可分割的：自我分析必須既包括洞悉他人，也包括洞悉社會和政治生活。事實上，對別人的了解往往先於對自己的了解。年幼的孩童在觀察大人時，已依稀感知到表象背後的現實性，察覺到角色（persona）背後的人（person）。作為成年人，我們在學會觀察自己之前，往往會先觀察到別人的無意識驅力。我們必須覺察到他人這些內在部分，因為我們自己的內在並非純內在（intrapsychic），不是只研究我們內在四面高牆裡的情形就夠。它還是關涉他人的（interpersonal），換言之是人我間的一張關係之網。只有透過我與他人的關係，我才能充分洞悉自己；只有透過他人與我的關係，我才能充分洞悉他人。

如果一個人沒有被經常洗腦並被剝奪批判性思考的能力，那麼不帶錯覺地看清自己，對他來說不會這麼困難。如果沒有受到不間斷的暗示和精心安排的制約，他會去思考和感受他原本不會顧及的事情。除非他能看穿花言巧語和錯覺，否則他將無法認識自己的本來面目，無法認識自己應有的樣子。

如果不知道以下這些事實，我如何能認識我自己：我們所曉得的「自我」很大程度上是合成的產物；多數人，包括我自己，都不自知地說謊。我們把「戰爭」稱為「防禦」，把「順從」稱為「責任」，把「服從」稱為「美德」，把「違抗」稱為「罪」。說「父母會發自本能地愛子女」，其實是胡說；盛名往往與當事人的品行才能和真正成就無關；歷史是扭曲的紀錄，因為它出自勝利者的手筆；過度謙虛不一定意謂著不愛慕虛榮；愛的反面是渴求和貪婪；每個人都試圖將邪惡的意圖和行動合理化，讓它們顯得高尚而有益於人；對權力的追求意味著對真理、正義和愛的迫害；今日的工業社會是由自私、盡情擁有和消費原則主導，而不是像一般號稱的那樣，是由愛和對尊重生命的原則主導。

除非我能夠分析我身處的社會的無意識面向，否則我無從知道我是誰，因為我無從知道我的哪些部分不是我自己。

接下來我想對自我分析的方法做些補充說明。

如同進行冥想和練習專注時那樣，對進行自我分析來說，至關重要的是有規律，不能只在「有心情」的時候才做。如果有人說他沒有時間做，意思不過是他認為自我分析不重要。如果沒有時間，他可以騰出時間，這顯然是他對自我分析的重視，解釋如何擠出時間是沒有用的。要補充的是，我並不是暗示自我分析是一種不允許中斷的固定儀式。一定會有你沒空去做的時候，這時應以平常心對待。自我分析的過程不應帶有強迫性，像在做苦差事。拋開結果不談，自我分析的過程具有解放性，因此也讓人愉悅，儘管其中夾雜著掙扎、痛苦、焦慮和失望。

在一個對登山熱情無法產生共鳴的人看來，爬高山僅僅是勞累的苦差事。有些人認為（我也聽過精神分析學家這樣解釋登山活動），只有受虐狂才會主動去做這種讓人不愉快的事。登山者不會否認爬山的努力和壓力，但這也是他的愉悅的一部分，他完全不想錯過。此「辛苦」不等於彼「辛苦」，此「痛苦」不等於彼「痛苦」。勞動的痛苦不同於疾病的痛苦，關鍵在於勞動付出努力、遭受痛苦的脈絡與疾病是完全不同的，而這便賦予了它特徵。這一點我們比較難以理解，因為在西方的傳統裡，將責任和美德視為嚴厲的監督者：事實上，一件事做起來很辛苦，足堪證明是做對了事；反之，如果一件事做起來讓人愉快，那必然是做了不對的事。東方的傳統則完全不同，在這方面優越得多。它不在僵硬的紀律和懶惰的「舒適」之間做出兩極區分。它致力追求一種和諧的狀態，追求一種同時是結構化、「紀律化」（自治意義上的紀律化），活潑、彈性和愉悅的狀態。

自我分析一如為別人分析，我們從一開始就必須注意到一項難題：語言表達的影響。

假設我在早上醒來，看見天空蔚藍，陽光普照。我充分覺察到這樣的景色，它讓我快樂和更有活力，但整個經驗只是對天空的覺察和我對此的回應，腦海中完全沒有浮現「這是一個美麗的豔陽天」之類的字眼。一旦字句形成，我開始用它來思考景色，經驗的強度就會有所失色，但如果以一段旋律來表達喜悅，或以一幅畫來表達同樣的心情，那麼任何感覺都不會丟失。

覺察感覺和以文字表達感覺，這兩者的界線流動不定。有些經驗完全不能以語言表達，也有些經驗好像可以被文字的容器「裝載」，但其實裝載不了，因為感覺會不斷流動，會溢出容器。文字容器（word-vessel）更像是樂譜上的音符：音符是代表樂音的符號而不是樂音本身。感覺也可能與文字有更緊密的關係，只要一個詞仍然是一個「活詞」（living word），它對感覺本身就不會有什麼傷害。但是，到了文字和感覺分離的程度，也就是到了文字和說話者分離的程度，文字就失去了真實性，變成只是聲音的組合。

很多人經歷過這樣的變化。他們覺察到一種強而有力的、美麗的（或可怕的）經驗。第二天，當他們想把這種經驗寫下來的時候，他們寫了一句可準確描述他們感覺的句子，但又發現這句話讓他們聽起來覺得陌生。他們覺得經驗還完全在腦子裡，可是寫下來的文字和經驗發生時他們所感覺到的毫無關聯。[3]當這種情況發生，就該知道有哪裡出了差錯：我們變成開始在玩文字遊戲，而不是去覺察內在感受的真實。這時，我們首先應當分析那慫恿感覺思想化的阻抗。我們應該用與對待其他干擾性思想一樣的方法，對待有關感覺的思想。

每天早晨應該進行至少三十分鐘的自我分析，盡可能在相同的時間和地點進行，並儘量避免外界的干擾。雖然大城市的街道熙熙攘攘，但行走在街上的時候也可以進行自我分析。只要沒有其他事情，則任何時候都可以做自我分析，特別是練習呼吸和覺察。在你不得不閒著或「無事可做」時（例如在搭地鐵或飛機時），都應該自我分析而不是閱讀雜誌、和別人聊天或者做白日夢。一旦形成習慣，你反而會期待「無事可做」的時刻，因為它們可讓你充實而愉悅。

讓人意外的是，精神分析文獻很少談論自我分析。佛洛伊德曾經分析自己的夢，他的這種自我分析本來理應可以促使其他人進行相同嘗試。之所以沒出現這種情形，可能是因為他已經被偶像化，讓人覺得別人分析不了他，只有他能「啟蒙」自己，但普通人卻是另一回事。不管無人效法佛洛伊德進行自我分析的理由何在，就我所知，只有霍妮（Karen Horney）把自我分析當一回事。[4]她所處理的主要是

3 當這個過程仍然和感覺相連，它在黑格爾和馬克思的術語裡被稱為「外在化」（exteriorization/ *Entäusserung*）。當文字變得獨立於感覺之後，就走向了「異化」（alienation / *Entfremdung*）。

4 K. Horney, *Self-Analysis* (New York: W. W. Norton, 1942).

急性精神官能症的問題和對策。在此背景下，她熱烈提倡自我分析，儘管她也清楚看出其中的困難。

自我分析的治療效果之所以受到忽略，十之八九是由於大多數分析師對於自己和「病人」的角色抱持傳統的層級觀念。一如普通醫學，人若患病就成了「病人」，被認為需要醫學專家的治療。[5]病人不該能治好自己的病，因為這樣就打破了專業治療師和非專業的患者之間不可逾越的分界。這種層級態度就連對「常規分析」也非常不利，因為分析師如果想真正了解「病人」，就先要成為病人，忘掉自己應該是兩者中那個「健康」、「正常」或「理性」的人。

自我分析之所以不流行，最重要的原因大概是它很困難。在常規分析中，分析師可以提醒病人注意合理化、阻抗和自戀。在自我分析中，一個人容易原地兜圈子，意識不到自己正在屈服於阻抗和合理化。不能否認自我分析確實很難，但任何通往幸福的途徑莫不艱難。對此，沒有人比史賓諾莎表述得更言簡意賅。他在《倫理學》結尾寫道（第五部分，命題四十二）：「即便我所顯示的這條足以達到目的道路看來是困難的，它卻是可以找到的。從很少人發現這條道路看來，它確實很困難，因為如果救贖之路近在咫尺，不費吹灰之力就可以發現，又怎麼會幾乎為所有人忽略呢？但一切高貴的事物無不罕有，也無不困難。」[6]

如果重點在於要達到最終目標，那麼困難的出現可能會讓人沮喪。但是，正如我們之前所說的，如果一個人並不渴求完美，並不關心到達的目標，而只在意是否朝著對的方向行進，那麼困難也就顯得不那麼可畏。最重要的是，自我分析可大大增強內在的清明和幸福感，儘管困難重重，是任何人都不願錯過的。

在推薦過對追求自我解放卓有成效的自我分析之後，我要補充說明：自我分析並不是每個人都必須採取的步驟。只不過這方法很吸引我，而經我推薦採取此法

---

5 伊里希（Ivan Illich）對這種情況有所批判，見他的 *Medical Nemesis: The Expropriation of Health* (New York: Pantheon, 1976).

6 Quoted by E. Fromm, in *Man for Himself.An Inquiry into the Psychology of Ethics* (New York: Rinehart and Co., 1947).

的人也很受益。不過有很多人使用其他專注、靜坐和覺察的方法也是一樣有效。一個非常有說明性的例子是卡薩爾斯（Pablo Casals），他以拉奏巴哈的無伴奏大提琴協奏曲開始一天的生活。誰能夠懷疑這不是他獲得自我解放的最佳方法呢？

然而，即使就自我分析方法而言，恐怕有一種誤解已經悄悄在我和讀者之間出現。我所描述的過程可能會被誤解為良知的每日道德自省，但這其實應該是穩定的道德發展和品德生活的基礎。如果讀者批評我反對道德相對主義、反對自由的隨意性，反對「隨心所欲」具備最高價值，而不管是否值得做，那我必須承認我是這樣認為。但如果讀者是指控我只擔憂美德的追求和罪惡的可怕，指控我不明白罪惡本身往往是進步的基礎，則我拒絕認罪。

為了弄清楚這一點，我們必須記住，對自我分析的基本立場來說，生活是一個過程，不是有固定階段的序列。罪惡中包含著向上生長的種子，而美德也可能包含著腐敗的種子。正如一條神祕主義原理所說的：「下降是為了上升。」罪惡是無害的，只是停滯不前，安於現狀。

我還想糾正另一個可能的誤解。自我分析聽起來助長了只關注自己的趨勢，也就是說它彷彿與擺脫自我捆綁（ego-boundness）的目的背道而馳。事實上，只有不成功的自我分析才會出現這種結果。自我分析之所以能成為一種淨化方法，不是因為一個人極其關心自我，而是因為他想透過分析自我主義的根源而從中擺脫出來。自我分析成為日常的練習，讓一個人在當天的其餘時間只以最起碼的程度關心自己。最終，這種練習會變得不再必要，因為已經沒有更多障礙要克服。我無法談這種狀態，因為自己還沒有達到。

在結束對精神分析的討論之前，我相信需要進一步的但書，這個但書適用於所有的心理學知識。如果你開始從心理學角度了解一個人，那你就是開始關注他的本相，關注他的全部個體性。除非你知曉這個人的個體性的所有細節，否則不可能了解這個人。如果你對這個人的興趣從比較膚淺的程度轉到更深層次，那就有必要從這個人的特殊之處轉向他與其他人的共通處。但這種「共通處」不是抽象的，也不像人的本能天性那樣有限制性。它是人類生命的本質，是「人類處境」，是由此衍生出來的需要，以及對這些需要的各種解答。它是無意識的內容，這些內容為所有人所共有，因為所有人的生命處境都一模一樣，而不是像榮格相信的那樣，來自某些種族遺傳。所以，一個人會把自己和同胞體驗為「人」這個主題的變奏，也可能把人體驗為「生命」這個主題的變奏。重要的是所有人的共通處，不是他們的相異處。在充分深入無意識的過程中，我們會發現彼此的驅力在量上可以有很大不同，但在質上卻是一樣的。深入探索無意識，是人在自己和其他人身上發現人性的一種方式，這種發現並不是理論思考，而是一種情感經驗。

然而，強調人類一體，不能以非辯證的方式否認人也是一個個體的事實。其實，每個人從出生開始便是與任何人都有相異之處的獨特個體（同卵雙胞胎大概除外）。只有弔詭的思維方式（這是東方的專長）可以充分表達這一點：人是獨特的個體，但人的個體性又是假而不真。人是「這樣或那樣」，人又是「既非這樣也非那樣」。弔詭的事實是，我對自己或他人的獨特個體性體驗越深，就會越清晰地透過自己和他人看到擺脫一切個別性質的普遍人（universal man）——他是一個沒有階級和頭銜的「禪者」。

這些思慮引出個人主義的價值與危險的問題，以及與此相關的個人心理學研究問題。非常明顯的是，個體性和個人主義目前備受推崇，被推許為個人和文化追求的目標。但個體性的價值非常模棱兩可。一方面，它包含解放因素，可讓人擺脫妨礙其自主發展的專制結構。如果自我認識有助於覺察一己的真實自我，有助於發展它，而不是內攝一個被權威強加的「陌生」自我，其價值的確十分巨大。事實上，自我認識和心理研究的優點已經得到廣泛的強調，幾乎沒有必要再多加稱讚。

然而，對於個體性崇拜的壞處和它與心理學的關係，十分有必要談一談。會出現這種崇拜的原因很明顯：個體性事實上消失越多，就越是有必要歌頌它。工業、電視和消費習慣對受它們操縱的人的個體性致意：銀行出納員的服務窗上放著名牌，人的手提袋上繡著姓名縮寫。此外，商品的個體性受到強調：那些聲稱各有不同的汽車、香菸、牙膏品牌（屬於相同價位的產品彼此間沒什麼差別）是要讓消費者有自由選擇的錯覺。很少有人意識到個體性充其量是一種不重要的差別，因為商品和人在它們的基本特徵上都已失去一切個體性。

似有實無的個體性被視如珍寶。即使並未擁有資本的人，一樣認為自己擁有個體性。他們雖然稱不上是個體，但他們有他們的個體性，而他們也熱中和自豪地培養自己的個體性。由於這種個體性差異微小，於是微小的差異也變得意義重大。

當代心理學促進和滿足了這種對「個體性」的興趣。人們開始思考他們的「問題」[7]，談論孩提時代的雞毛蒜皮小事，但那通常只是套上心理學術語和概念的八卦閒聊。

當代心理學在以微小差異支持個體性的錯覺上有個更重要的功能：透過教導人們對不同刺激應該如何做出反應，心理學家成為操縱他人和一己的重要工具。行為主義創造了一整套科學來教導操控人的藝術。許多企業都要求應徵者接受性格測試；許多書籍教導人如何行動，如何把他們自己或他們賣的商品推銷出去。由於在這些方面相當管用，當代心理學的這個分支已成為現代社會重要的組成部分。

雖然這種心理學在經濟上有用，並且形成一種維持錯覺的意識形態，卻對人類有害，因為它往往會增加人的異化。當它聲稱它是建立在「自我認識」的基礎上（「自我認識」是下至佛洛伊德的人文主義傳統的理想），它就是一種欺詐。

與適應心理學（adjustment psychology）[8]相對立的心理學是激進的，因為它追根究柢；它是批判性的，因為它知道意識層面的想法大多是由錯覺和謊言構成；它是「解救性的」，因為它希望對一己和他人的真正認識能解放人類，有助人類達到幸福。任何有興趣探索心理學的人，都必須充分注意這兩種心理學幾乎毫無共通之處，目標南轅北轍。

7 譯註：指心理問題。

8 譯註：指教導人「適應」社會的心理學，即時下的一般心理學。

Part5

論「擁有」

財產的核心問題在於，
它是否會加強一個人的活動和活躍性，
還是會痲痹一個人的活動，強化他的懶惰和碌碌無為。

14 論追求擁有的文化

生活有兩個層面。人會行動、生產和創造，簡言之，他是主動的。但人不是在虛空中行動，他有身體，生活在物質世界中。人必須和「物」打交道，他的行為涉及有生命或無生命的物體，他會轉化或創造它們。

他必須與之打交道的第一件「物」是他自己的身體，然後是其他的物：生火或蓋房子用的木頭；用來吃的水果、肉類和穀物；用來做衣服的棉花和羊毛。隨著文明的發展，人類必須打交道的物增加了許多倍。武器、房屋、書籍、機器、船舶、汽車和飛機被發明出來，人必須與它們打交道。

人是如何與這些物品打交道的？他生產它們，他改變它們，他利用它們來製造其他物品，他消耗它們。物品本身什麼也做不了，是人類以某種方式建構物品，讓它們可以自己生產物品。

在每一種文化中，「物品」（things）和「活動」（acts）之間的比例是不同的。

與被紛繁物品圍繞的現代人相比，原始的狩獵採集者只擁有極少的東西：一些工具、幾張網、狩獵武器和些許首飾及器皿。他們幾乎沒有衣服，也沒有固定的住所。食物容易腐壞，不得不迅速吃掉。

與一個人參與（或只是被包圍）的事物形成對比的是，我們必須考慮他「施為」（doings）的分量。他當然可以感覺、看見和聽見，因為這是他與生俱來的構造，他幾乎沒得選擇。當他看到一頭他可以殺來吃的動物，當他聽到警告他有危險的聲音，這時他的看和聽都是為生物性目的而服務，即為生存而服務。但人會去聽聲音不一定是為了生存，也可以是為了增加生命能量、幸福感和活力感——從生物學的角度說，這是一種「奢侈」。在這種情形下，我們可以說他是在傾聽。他傾聽鳥的歌聲、雨水的滴答聲、人聲的溫暖音色、激動人心的擊鼓聲、一首歌曲的旋律和巴哈的協奏曲。聽覺此時超越了求生需要，變得人性化、積極、富於創造性和「自由」。

視覺也是如此。當我們看到古老陶器上的漂亮紋飾、三萬年前描繪動物和人類的洞穴壁畫、一張神采奕奕的臉，以及由人的破壞性所造成的恐怖情景時，我們的內心都會脫離生物必然性的領域，轉入自由的領域：從「動物」的存在狀態轉到「人」的存在狀態。其他感官——如味覺、觸覺、嗅覺——也是如此。如果我因為身體需要食物而吃東西，這個需求的一般徵狀是飢餓。但如果我是因為喜歡美食而吃東西，它的徵狀則變成食欲。精美的食物就像音樂和繪畫，是文化發展的產物。嗅覺也一樣。（對動物的演化而言，嗅覺是最重要的定位感官，如同視覺之於人類。）從很古老的時代開始，人類已經懂得享受讓人愉悅的氣味（例如香水），它屬於奢侈領域，不屬於生物必然性領域。雖然較不明顯，但相同差異無疑也見於觸覺。有關這一點，我需要提醒讀者的大概只是：有些人觸摸別人就像在觸摸一塊布，是為了看看它的品質，但另一些人的觸摸卻溫暖而柔和。

上述提到了一種差異：一方面是生物必然性和本能衝動（兩者互補），另一方面是感官自由而愉悅的發揮。這種差異可以明顯見於性行為（所有感官都參與其中）。性行為可以是生物必然性的直白表達，即一種受本能驅使的、不自由的和無差異化的興奮。但它也可以是自由的、讓人愉悅的和主動的，是一種真正的奢侈而不為任何生物性的目的服務。我在這裡提及的差異是兩種施為的差異：受驅使的被動施為和有創造性的主動施為。後文會更深入討論這種差異。

在這裡，我想要強調，儘管原始人的「物品」領域要比現代人小得多，但這種落差卻不見於「人類活動」（human activity）的領域。事實上，我們有很好的理由假定，原始人比工業人做了更多勞動，也更加配得上「人」的稱號。讓我們簡略地看一看原始人的生活。

首先，他得自己做所有的體力活。這是因為他沒有奴隸，尚未剝削婦女的勞動，也沒有機器和甚至沒有牲畜替他工作。就體力活來說，他除了自己沒有任何人可以依靠。有人認為，史前人類雖然在體力勞動上要勝一籌，但在思想、觀察力、想像力、繪畫、哲學和宗教方面遠遠落後於機器時代的人類。此說看似合理，但這只是因為我們一直受到一種觀點影響：教育的增加會讓智力和藝術創造力增加。事實絕非如此。如今通行的教育並不利於提高思想力或發展活躍的想像力。[1]

今天的普通人很少進行思考。他的知識都是從學校和媒體得來，幾乎從不會自己觀察或思考。他使用的物品也不需要太多的思考或技能。此外，還有無須任何技能或努力即可使用的發明，比如電話。使用汽車一類的發明固然需要學習若干操作步驟，但熟練後只需要極少的努力或技能。現代人——包括受過高等教育的那些人——不會思考太多宗教和哲學的問題，甚至不會思考太多政治的問題。他通常是採納政治、宗教的書籍或演講者諸多陳腔濫調說法的其中一種，而非經由主動而透澈的思考得出結論。他會選擇最迎合自己性格和自己社會階層的觀點。

原始人的情況完全不同。他受到的教育很少（這裡指現代意義的教育，即在教育機構耗過一定的時間）。他不得不去觀察，從觀察中學習。他觀察天氣，觀察動物的行為和其他人的行為。他要想活下去就必須掌握一定的技能，而這些技能只能靠實踐去摸索，而不是靠「二十堂速成課」。

他的人生是一個不斷學習的過程。勞夫林（W. S. Laughlin）對原始狩獵人廣泛的精神活動有簡潔的描述：

1 伊里希（I. Illich）對教育系統有徹底的批判，見I. Illich, *Deschooling Society* (New York: Harper and Row, 1970)

儘管很少有系統性的研究，卻有豐富的資料可以讓我們假定，原始人對自然世界擁有複雜的知識。他們熟悉肉眼所見的動物界（哺乳動物、有袋動物、爬蟲類、鳥類、魚類、昆蟲和植物）。潮汐、氣象、天文和自然世界其他方面的知識也很發達。不同群體掌握的知識及其複雜程度各不相同，各有擅長的領域……我以下只會提到與打獵行為系統和人類演化有關的知識……人，做為狩獵者，學習著動物（包括他自己的）行為與解剖學。他先馴服自己，再馴服別的動物和植物。在這個意義下，狩獵是人類的學校，使人類成為自我教育的物種。（勞夫林，一九六八）

另一個被用來標榜現代人精神活動的更高級項目，是讀寫的技能。今人相信駕馭這種技能是毋庸置疑的進步標誌。社會以最大努力消除文盲，彷彿文盲就意謂著智力缺陷。衡量一個國家進步的標準，除了汽車的數量，就是能讀寫的人數的百分比。這種價值判斷忽略了一個事實：在神職人員或學者壟斷讀寫技能的時代（或還沒有文字的時代），普通人反而擁有超群的記憶力。現代人無法想像《吠陀經》、佛經、《舊約聖經》各卷，和後來的猶太教口頭傳說，有好幾百年時間都是口耳相傳，後來才寫成文字。我還觀察到很多人（例如墨西哥農民）即使能讀寫也不會經常利用這種能力，因為他們的記憶力特別好，所以不用把事情寫下來。

每個人都可以從觀察自己得到相似的發現。只要一個人把事情寫下來，他就不需要去努力記憶。他不再需要把資料銘刻在大腦，因為他已經將它們用輔助工具存儲起來：存在羊皮紙、紙張或錄音帶上。因為內容已經安全地存儲，他覺得自己並不需要記住。於是，他的記憶能力因缺乏鍛鍊而受損。如今，人們連小小腦筋都不願動的情形隨處可見：例如，商店的銷售員在加三位數時都要用計算機而不願意心算。

原始人有更多活動的事實也見於藝術中。大約三萬年前，原始的狩獵採集者畫了很多描繪人與動物的無與倫比壁畫，其中一些完好地保存在法國南部和西班牙北部的洞穴裡。這些美麗的畫作，即使對熟悉過去幾百年繪畫大師傑作的現代人來說也是一大驚喜。不過，即使洞穴壁畫的畫者確實是天才，堪稱最後冰河期的達文西和林布蘭，但那些更加古老的陶器和工具上的紋飾卻只可能是出自普通人之手。

人們常說洞穴壁畫（以及陶器紋飾）有著實際的、巫術的用途，如協助狩獵或對抗惡靈等。但不管它們的實際用途為何，都不需要如此美麗的外觀。此外，陶器上的紋飾不可能總是由天才創造的。各村都有自己的紋飾風格（往往只是略有不同），證明了這些人有活躍的審美情趣。

以上所談的是最「原始」的文化，是原始的狩獵採集者，以及我們對他們的文化所知道和能推測的部分（這些文化至少可追溯至四萬到五萬年前，智人全面出現的時候）。他們用雙手做出來的物件不多，但對思想、觀察、想像、繪畫和雕刻機能的應用非常活躍。如果用量化的方式表達「物品領域」和「施為領域」之間的關係，我們可以說兩者的比例在原始人是1:100，在現代人是100:1。[2]

在這兩個極端之間，歷史為我們提供了很多其他不同情況。與狩獵採集者相比，一個希臘民主鼎盛時期的雅典公民肯定被更多的物品包圍，但他卻積極關心國事，以非凡的程度開發並運用他的理性，並致力於藝術和哲學。關於雅典人我們還需要了解什麼？索福克勒斯（Sophocles）和埃斯庫羅斯（Aeschylus）的戲劇為雅典人提供了藝術養分，而與雅典人對戲劇的熱情相比，現代紐約人的審美與情感可說十分淡泊！

中世紀工匠的生活與雅典人不同，但又有許多相似之處。他對工作有興趣，細心，不感到枯燥。對他來說，造一張桌子是創造性行為，是他的努力、經驗、技術和品味的結晶。大部分他必須做的事都得自己動手做。他還積極參與許多公共活動，例如唱歌、跳舞和做禮拜。農民在物質上更貧乏：他不完全是奴隸，但也不是自由人。田裡的工作可能無法帶給他多大的滿足感（我這裡特別是指十六世紀農民地位大大惡化之前的情形），但他卻參與到多姿多采的民間文化中，享受著豐富的文化生活。無論是農民還是工匠，都不會被灌輸別人是怎樣努力、享福或受罪的例子。無論他們的生活裡有些什麼，很大程度上都來自於他們的施為和他們的經驗。即使工匠在經濟和社會地位上遠遠優於農民，他除了房子和工具也不會有很多財產，賺到的錢僅夠過符合自己社會階層標準的生活。他不想擁有更多和消費更多，因為他的目標不是積聚財富，而是發揮能力和享受生活。

2 這些數字只是象徵性地表達兩個領域的定量關係。

在自動化的社會裡，現代人被多得像天上星星的物品包圍。當然，大部分物品都是他製造的。但真的是這樣嗎？大工廠裡的工人其實什麼也沒生產。當然，他參與了汽車、冰箱或牙膏的生產，但是，各種產業的工人只是在重覆固定的幾個動作，例如擰螺絲釘、安裝馬達或一扇門。只有生產線末端的工人能看到成品，其他工人只能在街上看見。他們是可以購買並擁有一輛便宜的汽車，但只能看著富有的人駕駛昂貴的汽車。說一位工人造了一輛汽車只是抽象說法。真正造出汽車的是機器（而且是其他機器造出了能造汽車的機器），而工人——不是作為完整的人而是作為活工具——只是負責完成機器還不能完成（或成本太高）的那部分工序。

工程師和設計師可能會聲稱是他們製造了汽車，但這種說法並不正確。他們可能確實貢獻了自己那份力量，但製造汽車的並不是他們。最後還有總裁或經理會聲稱是他製造了汽車：因為他督導了整個生產過程，所以汽車是他製造的。但這比工程師的說法更站不住腳。經理也只是肉身一具，對製造汽車真的必不可少嗎？他的主張和一位將軍自稱是他攻克了堡壘或贏得一場戰役一樣可疑。事實上，攻克堡壘或贏得戰役的是衝鋒陷陣的士兵，將軍只是制定計畫和監督計畫的執行。有時，贏得戰役是因為對方將領不能勝任，也就是因對手的失誤才贏的。問題變成指導和管理功能具有多大的生產性，我在此不會進一步討論，只想說明，對於經理來說，當汽車一旦離開生產線，就會從一輛車變成一件商品。這意味著車對他來說，重要的不是真實的使用價值，而是虛構的使用價值，廣告用各種不相關的數據迷惑了潛在買家：例如可以吸引到性感女孩，或讓車主顯得「陽剛」等各種廣告說詞。汽車作為一種商品在一定意義上是經理製造的，因為是他賦予汽車那些有銷售號召力的特徵。

現代人對物質世界能有的影響力遠大於過往的人類，但這些影響力與他們投入的體力和智力完全不相稱。駕駛一輛馬力強大的汽車既不需要太多體力，也不需要特殊技能或智力。駕駛一架飛機需掌握大量技能，但投放一枚氫彈卻容易得多。可以肯定的是，有一些行業還需相當的技巧和努力：比如工匠、醫生、科學家、藝術家、技術工人、飛行員、漁夫、園藝家和其他類似的專業。但是，有技術要求的行業越來越少，絕大多數人用來謀生的工作只需要極少智力、想像力或任何形式的專注。工作成果與人類的努力不再成比例，而這種努力和技能與結果之間的分離，是現代社會最重要和致病性的特徵之一，因為它往往會輕視努力，將其意義最小化。

如此一來，我們必然會得出第一個結論：與一般的觀點相反，現代人其實對周圍的世界相當無力。他會顯得強大，只是因為能夠以一種異乎尋常的程度主宰自然。但這種主宰幾乎完全異化了：它不是人類自身力量的結果，而是「巨大機器」（megamachine）[3]使他無須多加努力就可達到目標。

因此，現代人可說是處在一種和機器世界共生的關係之中。只要持續是機器世界的一部分，他就會強大（或貌似強大）。如果沒有了機器，只有自己可倚靠，他就會像孩童般無力。這就是為什麼人類會崇拜機器：機器將自己的力量賦予人類，讓他以為自己是巨人，但如果沒有了機器，人就會變成跛子。以前的人相信是他們膜拜的偶像賦予了他們力量。這是純然的錯覺：其實他是把自己的力量投射到偶像身上，然後在膜拜偶像時收回部分力量。對機器的崇拜與此如出一轍。可以肯定的是，巴力（Baal）和阿施塔特（Astarte）[4]只是人類想像出來的。就像先知們所批判的那樣，偶像什麼也不是，只是一些木頭或石頭，力量完全出自人類的轉移。

然而，機器卻不是無用的金屬片，它們確實創造出無數的有用物品。人真的需要依賴它們。就像偶像那樣，機器也是人類所發明、規劃和建造；就像偶像那樣，機器也是人類想像力（人類的科技的想像力）的產物。再加上科學，機器能夠創造出非常有用的物品——但它也成為人的統治者。

根據傳說，普羅米修斯為了讓人類從自然的控制中解放出來，把火帶給人類。如今，人卻用曾經把他解放出來的火奴役自己。戴著巨人面具的人類已經變得軟弱、無助，依賴自己製造的機器，因而也依賴保證生產機器的社會正常運作的領袖，依賴運作良好的企業。他們唯恐失去這些支撐物而成為「沒有等級也沒有頭銜」的人，對「我是誰」的問題也怕得要命。

總之，現代人擁有很多東西，也使用很多東西，但「他的存在」很少。他的感

3 這個詞是芒福德（Lewis Mumford）所提出，見他的 *The Myth of the Machine: Techniques and Human Development* (New York: Harcourt, Brace and World, 1967).

4 譯註：古代西亞膜拜的神祇。

情和思維能力如同不常用的肌肉般萎縮。他害怕任何重大的社會變革，因為在他看來，對社會平衡的任何擾亂都會催生出混亂或死亡——即使不是肉體的死亡也是身分的死亡。

15 論「擁有」的哲學

一個人所擁有的事物就是他的財產。因為人人都「擁有」身體，因此我們確實可能主張「財產」這個概念是奠基於人的生理性存在。雖然這看似是論證財產普遍性的好論據，但其實無此功效，因為它是不正確的：奴隸的身體便不是自己所有，而是主人所有，視主人的意志或一時興起，可以使用、售賣或摧毀。在這方面，奴隸和即便被剝削得最厲害的工人亦有所不同：後者只是被迫將自己的身體勞動力賣給擁有資本的人。（不過由於這是他在資本主義的環境下不得不然，所以他是否擁有自己的身體也值得商榷。）然而，為什麼別人有權使用我擁有的東西呢？

這讓我們進入了充滿爭議的財產權問題，而這個問題仍然存在著極大的混淆。想要理解財產的概念，其中的一大障礙，是要求廢除私有財產的革命狂熱。很多人以為，廢除私有財產意味著他們的個人財產，衣服、書籍、家具，甚至配偶，都會被充公和「國有化」。[1]（當然，時髦的人如今已開始把妻子「社會化」了[2]，儘管他們是持保守的政治觀點。）

馬克思和其他社會主義者從來沒有主張過應該將個人財物社會化這種蠢念頭。他們主張的是將資本所有權社會化，即將資本家賴以生產社會不需要的商品的生產工具社會化，並把自己的條件強加給工人，因為他，所有者，「給」了工人工作。

作為對社會主義者訴求的反彈，政治經濟學的教授斷言，財產權是一種「自然」權利，奠基於人性，與人類社會的歷史一樣悠久。在一九一八年和一九一九年，我選修過幾門經濟史的課程，認真聽了兩位在當時頗具聲望的教授的講座。他們認為資本不是資本主義所獨具的特徵：原始部落使用貝殼貨幣，足以證明他們擁有資本，所以資本主義可說與人類一樣古老。他們選擇以原始人的例子來論證其實並不妥當。我們現在清楚地知道，最原始的人類並沒有私有財產，除非是切身需要的，例如衣物、首飾、工具、網、武器……等等。事實上，關於私有財產的起源和功能，大多數經典論述都認為，在自然狀態中，一切物品都是共有的（我在《人類破壞性的剖析》一書介紹過這種人類學觀點）。就連教會父老都間接地接受了這一觀點。他們認為，財產是人的墮落[3]所帶來之貪婪的後果，也是它的社會性補救措施。換句話說，就像是男性對女性的支配和人與自然之間的衝突，私有財產是墮落的結果。

將有時會被混淆的不同財產概念區分開來會很有用。第一種觀點認為財產是對某物（有生命或無生命）的絕對擁有權，不管它是擁有人生產出來的、繼承而來的、受贈得到的，或盜竊得來的。除了最後一點，這在國家之間的關係和公民社會的法律上都需要一定的限制，羅馬和現代國家的法律制度都是從這個意義理解財產的。擁有權始終要由國內法或國際法保障，即由「執法」的暴力保障。

第二種觀點在十八世紀啟蒙運動時期特別流行，它強調人擁有財物的權利，取決於創造財物的努力。洛克（John Locke）的這個觀點堪稱代表：如果一個人將

1 我仍然清楚記得我在一九一九年讀到《法蘭克福時報》（它很多方面都類似《紐約時報》）從慕尼黑發出的一篇報導時有多震驚。該報導指出，時任短命的巴伐利亞蘇維埃共和國文化部部長的蘭道爾（Gustav Landauer）——他也是德國最優秀的人文主義者之一——下令把女人國有化！

2 譯註：指換妻。

3 譯註：指亞當和夏娃得罪上帝而被趕出伊甸園一事。

自己的勞動施加在不屬於任何人的某物，那麼此物就成為他的財產。但洛克又說所有權可自由轉讓給並未付出勞力的其他人，就削弱了人要勞動才能獲得所有權的觀點。洛克需要這個附加的觀點，顯然是因為否則工人就可以把他們的勞動產品視為自己的財產。[4]

第三種財產概念來自黑格爾和馬克思，它超出了前述以法律為本質的概念，著重在財產之於人類的形而上意義和精神意義。黑格爾認為財產是必要的，因為「人必須將自由轉化為外部領域，才能實現理想的存在」，理由在於，財產是「自由的第一個體現，本身是一個實質的目的。」（參見《法哲學原理》〔*Philosophy of Right*〕第41和45節）黑格爾的話聽起來可能不過是在合理化私有財產的神聖性，但其意義遠不止於此，只是限於篇幅，我們無法充分論述黑格爾的哲學思想。

馬克思完全從個人層面闡述這個問題，沒有將其玄虛化。與黑格爾所見略同，財產在他看來是人類意志的外部化。但只要創造出來的財產不是他的，而是屬於生產工具的所有者，只要人從自己的勞動中被異化，財產就不可能是他的財產。只有當社會以共同的目標組織起來，當個人的充分發展依賴於所有人的充分發展，「我的」或「你的」將變成毫無意義的概念。在這樣的社群中，勞動本身——即未異化的勞動[5]——會是讓人愉悅的，而「擁有財物」（除個人使用物品外）會變成一種荒謬。每個人都不是按照勞動獲得報酬，而是按照需要而獲得報酬（這裡所說的需要，當然是指人的真正需要，而不是產業灌輸給人的，那些有害無益的假需要）。

供使用的財產（功能性財產）和供擁有的財產（非功能性財產）之間有相當重大的區別，儘管兩者之間有很多程度不同的混合體。德語以兩個不同的詞清楚表明這兩種財產的差異：Besitz和Eigentum。Besitz源自sitzen，字面意思是人坐在上面之物，指的是合法和實際地控制，但不涉及生產活動的財物。Eigentum的意思則不同。aig是haben（意為「擁有」）的日耳曼語詞根，其意義在幾百年下來經歷了改變，因此愛克哈特早在十三世紀就以它來翻譯拉丁文的proprietas（財產）。proper

4 Stanley I. Bern, article on “Property”; in Paul Edwards (ed.), *The Encyclopedia of Philosophy* (New York: Macmillan Comp. and the Free Press, 1967).

5 馬克思對未異化勞動的態度始終是矛盾的：他有時看似認為未異化勞動是生活的最高成就，但他的最終結論是，空閒時間和對空閒時間的非異化使用是生活的最高目標。

對應eigen，指為某人所專屬（如proper name〔專有名詞〕一語所示）。所以Eigentum/proprietas就是指某個人專屬的一切：他的身體、他每天使用的物品，以及基於他的每日接觸而被賦予個性的事物（甚至包括他的工具和住所）。這一切構成了他周遭恆常不變的環境。

在當今這個自動化社會，一切都容易淘汰（甚至還沒過時就被新品取代），人們恐怕難再體會日用物品的「個性」。每個人生活習慣不同、性格不同，都體現在物品的使用上。隨著日復一日的使用，物品不再是死氣沉沉和可隨意替換的。很多較早期文化（但不是原始文化）都有在棺木裡放死者貼身物品的習俗，可以清楚證明這一點。在現代社會，與此等價的是遺囑，其效力可能在當事人死後持續多年。但遺囑是有關非個人的私有財產（例如錢財、土地和權利等），不是關於有「個性」的貼身物品。

由此，我們可以得出結論：個人物品和私有財產之間存在根本區別，這區別基本上與「功能性」財產和「非功能性」財產（死財產）的區別相同。

到目前為止，這種差異比私有和公共財產之間的差異更具根本性，因為許多例子顯示，公有、國家或社會化財產的法律形式可以像私有財產一樣具有強制性和異化性——只要它是由名義上而非實質上代表工人和雇員利益的官僚來管理就會是如此。

功能性和非功能性財產經常以純粹的形式出現，但也常常融合。這樣的例子很多，最基本的例子是人體。

身體是唯一每個人都擁有的財產，堪稱「自然財產」（natural property）。正如佛洛伊德的精采分析所顯示，排泄物對嬰兒來說十之八九是更極端形式的財物。排泄物是他的，是他的身體的產物，但他無須害怕會失去太多，因為每天都會補充前一天的損失。但身體卻不只是「財產」，還是工具，我們用它來滿足我們的需要，而它也會根據我們如何使用而發生改變。如果我們很少使用身體肌肉，它們就會越來越弱，越來越鬆弛，甚至到了無法使用這種極端的情況。反之，身體用得越多會越強壯和健康（當然是指在一定限度內使用）。

如果是擁有一棟房子或一塊地，情況就不同了，因為這裡涉及的是社會範疇，不是「身體」那樣的自然範疇。讓我們來想想遊牧部落的情況：他們不擁有土地，會在一塊土地住一陣子，在上面搭帳篷或蓋小屋，一段時間後便丟棄。土地不是他們的私有財產，也不是公共財產，而是根本就不是財產，只是一件在很有限的意義上被他們使用的東西。漁網、長矛、斧頭等工具也是同樣情形。只有被使用時它們才能說是他們擁有的。同樣原則也見於今日的某些農業合作社：個人並不擁有所耕作的土地，不能把地賣掉，只有在耕種土地的情況下才有權使用土地。

在沒有私有財產的許多原始社會文化中，同樣的原則也適用於男人與女人的關係和婚姻制度。只要男女雙方彼此相愛，彼此需要，想要在一起，社會便會承認他們有婚姻關係。當一對男女不再相愛，他們可以自由離異，因為雙方並不「擁有」彼此。[6]

相反的，在有財產制度的地方，法律規定我的土地、我的工具、我的妻子和我的孩子都是我的財產。無論我在乎他們與否，我都擁有他們。事實上，我有權摧毀我的每一件財產：我可以燒毀我的房子或一幅屬於我的油畫（哪怕它是無價的藝術作品）。我可以不理會任何人，隨心所欲處置屬於我的東西。這種法律權利的成立是因為國家以它的力量支持我的主張。

有關妻子兒女的財產權觀念和相應的法律經歷了歷史變遷。如今，殺死自己妻子是犯罪行為，犯者會因為謀殺罪而受懲罰。殺死子女也被視為犯罪。但父母虐待或毆打子女仍然被視為行使合法權利（即財產權），除非是太過嚴重，不能坐視不管。然而，妻子和子女又不僅僅是單純的財產。他們是活人，和主人一起生活，有密切接觸：他需要他們，而他們也會帶給他快樂。所以，他們除了是法定財產，還帶有功能性財產的成分。

資本形式的財產是法定財產的極端形式。資本無異於一件工具，就像一把可以供所有者使用的斧頭。但就斧頭的情況來說，只有透過為所有者的技能服務，它才會變得有價值，即變為「功能性」財產。但即使資本所有者什麼都不做，他仍然擁有資本。就算不用來投資，資本也仍然具有價值；如果投資，他不必使用技能或做出任何相應的努力，就能從資本獲得利潤。同樣道理也適用於最古老的資本形

6 一個例子是非洲小黑人穆布圖人（Mbutus）的婚姻。參見C. Turnbull, *Wayward Servants, or The Two Worlds of the African Pygmies* (London: Eyre and Spottiswoode, 1965).

式：土地。作為地主的合法權利，讓我不需做任何事就能從土地獲利。出於這個原因，「非功能性」財產也被稱為死財產。

「死」財產（非功能性財產）是靠著征服或法律而獲得合法性。但是，因為法律的執行是靠武力，從這個意義上說，征服得來的財產和法定財產的差異只是相對的。此外，就法定財產來說，武力構成權利，因為國家是透過武力（一種它壟斷的東西）保障個人的財產權。

人類不「擁有」物品就不能生存，但他光靠著功能性擁有就可以活得很好，而他在智人出現的最初大約四萬年就是這樣度過。事實上，稍後我將會論證，人只有在主要是擁有功能性財產，和只擁有最起碼的死財產的情況下，才可以神志健全地生活。功能性財產是人的生命需要和實際需要，反觀制度性財產是為了滿足病態需要（這些病態需要是人受到某些社會經濟環境制約的結果）。人必須有身體、住所、工具、武器和船隻，這些東西是生物性生命所必須。但他還需要其他東西來滿足他的精神生命，例如紋飾和裝飾品（簡單地說就是藝術品和「神聖」物品），以及生產這些物品的工具。如果是被個人獨自使用，它們稱得上是財產，但屬於功能性財產。

隨著文明程度的提高，作為功能性財產的物品也在增加。一個人可擁有幾套西裝（洋裝）、房子、節省勞力的機器、收音機和電視機、電唱機和答錄機、書籍、網球拍、滑雪板……這些財物不必和存在於原始社會的功能性財物有所差異。儘管如此，差異仍時常可見。當財物不再是帶來更大活躍性和生產力的工具，而成為被動性—接受性消費的手段時，其功能就會發生變化。當擁有財物主要是為了滿足日益增長的消費需求，它就不再是生存所必需，基本上變得和「積存財物」（keeping-possession）沒有什麼不同。這個說法聽起來可能有點奇怪，因為「積存」和「消費」是對立的。如果只從表面看確實是如此。但從動態來看，兩者共有一個基本特點：吝嗇鬼和揮霍者的內在都是被動的和無生產性的（unproductive）。他們與任何物件或任何人都沒有積極聯繫，他們的生活過程既沒有變化也沒有成長，只代表著無生氣（non-aliveness）的兩種不同形式。要區別占有性擁有和使用性擁有，需要考慮到「使用」一詞的雙重涵義：被動使用（「消費者」）和生產性使用（工匠、藝術家和技術工人）。功能性擁有指的是生產性使用。

此外，「占有性擁有」可以比不勞而獲多出一種功能。首先，在以財產為中心的社會，死財產會賦予所有者權力。擁有大量財產的人通常也是有政治權勢的人，他因為有權勢而顯得偉大。這樣，人們會崇拜他的偉大，因為人們寧可崇拜別人而不願懼怕別人。有財有勢的人可以透過威嚇或收買來影響他人，因此，他獲得了名聲或崇拜。

馬克思對於最後一點有精闢分析：

透過貨幣存在於我生活中的事物，也就是我能使用貨幣購買的事物，我便是貨幣的持有者。貨幣的力量多大，我的力量就多大。貨幣的特性就是我——貨幣持有者的特性和本質力量。因此，我是什麼和我能夠做什麼，絕不是由我的個性來決定的。我是醜的，但是我能為自己買到最美的女人。可見，我並不醜，因為醜的作用、醜的嚇人的力量，被貨幣化為烏有了。我——

就我的個人特點而言——是個跛子，可是貨幣使我獲得二十四隻腳，可見我並不是跛子。我是一個邪惡的、不誠實的、沒有良心的、沒有頭腦的人，但貨幣是受人尊敬的，所以，它的持有者也受人尊敬。貨幣是最高的善，所以，它的持有者也是善的。此外，貨幣還使我不必為了為人不誠實而傷腦筋。所以我事先就被認定是誠實的。我是沒有頭腦的，但貨幣是萬物實際的頭腦，貨幣持有者又怎麼會沒有頭腦呢？而且，他可以為自己收買人才，對有才華的人而言，有權力的人難道不比他們更有才華嗎？既然我能夠憑藉貨幣得到人心所渴望的一切，那我豈不是具有人的一切能力了嗎？如此一來，我的貨幣不就讓我的種種無能一百八十度大轉變了嗎？

如果貨幣是將我與他人的生活，將我與社會，將我與自然界和人連結起來的紐帶，那麼貨幣難道不是一切紐帶的紐帶嗎？它難道不能夠解開和繫緊任何紐帶嗎？如此，它難道不也是普遍的分離手段嗎？它同時是分離和結合的真正手段，是社會的分化與聯合的力量……

因為貨幣作為現存的、有效的價值概念，把一切事物都混淆和替換了，所以它是一切事物的普遍混淆和替換，從而是顛倒的世界，是一切自然的性質和人的性質的混淆和替換。

誰能買到勇氣，誰就是勇敢的，即使他是膽小鬼。因為貨幣所交換的不是特定的性質，不是特定的事物或特定的人的本質力量，而是人的、自然的、整個物質世界的，所以，從貨幣持有者的觀點看來，貨幣能交換任何相互矛盾的特性和物件，貨幣能使冰炭化為膠漆，能迫使仇敵互相親吻。

假設人就是人，假設人與世界的關係是一種充滿人性的關係，那麼你只能用愛去換愛，用信任去換信任。如果你想欣賞藝術，你必須是一個有藝術修養的人；如果你想對他人施加影響，你必須是一個能督促和鼓舞他人的人。你與人和自然的每一種關係，必須是你真正個人生活一種特定的、符合你的意志對象的表現。如果你在愛別人，卻沒有喚起他人的愛，也就是你的愛情無法使對方產生愛情，如果作為一個正在愛的人，你不能把自己變成一個被愛的人，那麼你的愛情是軟弱無力的，是一種不幸。7

我們可從上述的分析知道，傳統對私有財產和公共財產（國有化或社會化財產）的區分是不充分的，甚至是誤導的。最重要的區別，應該是根據財產是功能性的（因此是非剝削性的），還是非功能性的（因此是剝削性的）。即使財產屬於國家，或者屬於在工廠工作的全體工人，它們仍然可能受到控制生產的官僚把持，讓他們能對其他人發號施令。事實上，馬克思和其他社會主義者從不認為應該把純功能性的財產（如個人使用的物品）社會化。同樣的，功能性財產是否該人人均等也不是社會主義者所關注的。實際上，他們關心的是如何避免財產的不平等會引起的嫉妒問題。

財產的核心問題在於，它是否會加強一個人的活動和活躍性，還是會痲痹一個人的活動，強化他的懶惰和碌碌無為。

7 *Economic and Philosophical Manuscripts of 1844*, in E. Fromm, *Marx's Concept of Man* (New York: Frederick Ungar, 1961).

16 論「擁有」的心理學

上一篇討論的結語，讓我們進入將「擁有」視為精神和情感現象的討論。

先談「功能性財產」。很顯然，我無法擁有比我能合理使用的還多的「功能性財產」。擁有的和使用的財產結合，會產生以下幾個結果：（一）我非常活躍，因為我只擁有我使用的，這刺激我不斷地使用；（二）幾乎不可能形成貪婪心理，因為我只能希望擁有我有能力有效使用的東西。（三）我不太可能會嫉妒他人，既然我忙於使用我所擁有的，嫉妒他人毫無益處。（四）我不擔心害怕失去我所擁有的，因為功能性財產很容易替換。

而「制度性財產」則是一種完全不同的經驗。它是除了功能性擁有和存在以外，另一種體驗自己和世界的基本樣態。幾乎每個人都經歷過擁有和存在這兩種生命樣態。完全沒體驗過「擁有」樣態的人絕無僅有，而且對很多人來說，那幾乎是他們唯一認識的經驗。大多數人的性格結構在不同程度上混合了「擁有」樣態和

「存在」樣態。然而，儘管「擁有」看似是簡單的概念和字眼，要描述對擁有樣態的經驗卻是困難的。特別是因為讀者不能只用頭腦理解我的描述，還必須同時動員他關於「擁有」的情感經驗。

對理解「擁有」（非功能意義下的「擁有」）最有幫助的方法，大概是回顧佛洛伊德一項極重要的洞見。他發現，嬰兒在經歷被動接受性（passive receptivity）階段，接下來是攻擊性、剝削性的接受階段（aggressive, exploitative receptivity），在達到成熟之前，會經歷一段他稱為肛欲期（anal erotic phase）的階段。肛欲期在一個人的發展過程中常常維持主導地位，最終導致「肛門性格」。佛洛伊德相信在發展階段上，力比多發展先於性格發展，但在這個脈絡下，他這項看法並不重要。[1]（在一些看法與佛洛伊德較接近的學者和我看來，情形剛好相反。）重要的是，佛洛伊認為占有取向會在一個人完全成熟前占主導地位，又如果這種取向一直維持主導就是病態。換句話說，佛洛伊德認為只關注「擁有」和「占有」的人是心理有病的人。

對於一個以私有財產為基礎，其成員主要是透過「擁有」來體驗自己，以及自己與世界的關係的社會來說，佛洛伊德的這種觀點堪比重磅炸彈。然而，據我所知，沒有人對這種向資產階級社會的最高價值觀的攻擊提出抗議，反觀佛洛伊德為性去妖魔化的溫和嘗試，卻遭到所有衛道之士的聲討。解釋這個弔詭絕非易事。是因為很少有人將個體心理學與社會心理學聯繫在一起嗎？還是因為所有權的正當性天經地義，無人願意費事去接受挑戰？還是因為佛洛伊德對中產階級性道德的攻擊之所以飽受揶揄，是人們為了防衛自己的虛偽，但由於公眾對金錢和財產的態度完全公開，所以不需要用猛烈的反擊來掩飾？

無論如何，佛洛伊德都是毫無疑問地相信，被擁有取向主宰的成年人是不健康的。

他引用幾種材料來支持他的理論。首先，有豐富的材料顯示，排泄物被用來象徵金錢、財產和汙穢，大量的語言學、民俗和神話材料證實了這一點。早在一八九七年十二月二十二日寫給弗里斯（Fliess）的信中，佛洛伊德便把金錢和吝嗇跟

1 譯註：即認為肛欲期在先，「肛門性格」在後。

糞便聯結在一起。[2]在一九〇八年的經典論文〈性格與肛欲〉（Character and Anale-roticism）中，他增加了更多這種象徵性的例子：

對金錢的強烈興趣和排便看似毫不相干，其實卻有著最廣泛的聯繫。任何從事精神分析的醫生都知道，最難治療的精神官能症（稱為習慣性便祕）可以用這種療法治癒。如果我們記得催眠暗示中有類似情形，就不會覺得那麼驚訝了。但在精神分析中，醫生只有處理病人的金錢情結，引導他們意識到這種情結和相關的一切，才能達到這種效果。我們也許可以認定，這種精神官能症只是追隨一種普遍說法的指示，這種說法把那些視錢如命的人說成是「骯髒的」。但這一解釋還太表面了。事實上，在古老思維盛行之處，例如在古代文明中，在神話、童話和迷信中，在潛意識思維中，在夢和精神官能症中，金錢與汙穢都有最親密的聯繫。我們知道，魔鬼給情婦的黃金會在他離去後變成糞便——魔鬼在這裡肯定是被壓抑的潛意識本能的化身。我們還知道有迷信認為發現寶物與排便有關，此外，人人都聽過「金屎人」（Dukatenscheisser）[3]這號人物。事實上，古代巴比倫甚至認為黃金是「地獄的糞便」。因此，與別處一樣，精神官能症依照語言原初的、重要的用法來理解字詞，當它看似比喻性地使用一個字眼時，通常只是恢復它的舊義。

有可能人類所知最珍貴事物與最無價值事物（「廢物」）的對比，是導致這種把黃金和糞便等同的原因。[4]

我在這裡想略置一語。巴比倫人主張黃金是「地獄的糞便」，就是把黃金、糞便和死亡聯繫在一起。地獄意味著死人的世界，那裡最寶貴的東西是糞便，如此，金錢、髒汙和死亡的概念便連成一氣。[5]

---

2 Letter 79, Standard Edition of the Complete Psychological Works of Sigmund Freud (S.E.),vol. 1 (London: Hogarth Press, 1966), pp. 272-73.

3 譯註：德國民間傳說裡的角色，拉屎會拉出金子來。

4 Freud's Collected Papers, S.E. vol. 9 (1908). 這一關聯對理解戀屍癖現象很重要，參見拙著《人類破壞性的剖析》。

上引兩段話的最後一段，正好揭示了佛洛伊德有多依賴所處時代的思維方式。為找尋把黃金等同於糞便的理由，他假定這種等同源自它們的截然不同：黃金在人類看來是最珍貴的東西，而糞便是最沒價值的。佛洛伊德忽略了另一個可能性：黃金之所以對文明社會最為珍貴，因為黃金通常是其經濟的基礎，換做是原始社會，黃金可能不會有什麼價值。更重要的是，雖然社會的模式會讓一個人認為黃金是最珍貴的東西，但他可能不自覺地認為黃金是死的、不育的（就像鹽巴）、無生命力的（除非用於首飾），認為它是勞動的累積，以囤積為目的，是非功能性財產的最佳代表。黃金可以吃嗎？黃金（如果沒有轉化為資本）能長出什麼東西嗎？黃金是死的和不育的，這一點顯示在邁達斯國王（King Midas）的神話。他貪婪至極，要求神明讓他可以將觸摸到的任何東西變成黃金。最終，他只能死掉，因為沒人能靠黃金生活。這個神話清晰地表明了黃金的無生命性，黃金絕非佛洛伊德所假定的那樣具有最高價值。佛洛伊德太受他所處時代的影響，未能意識到金錢和財產的負面價值，因此也沒能意識到他的肛門性格概念的批判性意涵。

姑且不論佛洛伊德對力比多發展階段的劃分有多少優點，他關於接受期和占有期是人類發展最早期階段之一的發現確實有見地。在生命最初幾年，嬰兒無法照顧自己，不能按照自己的期望、以自己的力量塑造周圍的世界。因為他還無法創造，因而被迫去接受、去搶奪或去占有。因此，占有在孩子的發展過程中是必要的過渡階段。但是，如果占有取向在成年後繼續占主導地位，就表明他沒有實現充分發展的目標，但由於發展的失敗而陷入了占有的體驗之中。與其他取向一樣，占有取向在早期發展階段屬於正常，但成年後依然如此就成了病態。占有取向是在從事創造性活動的能力減少的基礎上發展的，造成這種減少的原因很多。所謂的創造性活動，是指它讓一個人可以自由地、積極地表達自己的才能，不是出於本能或強迫性需要的活動。這裡不宜詳細討論，我就略過不談。總之，我們必須在個人和社會兩方面尋找原因，比如早期經歷的恐嚇、缺乏刺激或過度呵護。但這樣會帶來負面的後果：擁有取向及其滿足會削弱努力，最終削弱從事創造性活動的能力。一個人擁有的越多，積極的努力對他就越缺乏吸引力。[6] 擁有和內在懶惰最終形成一個惡

5 同前引書。

性循環，彼此加強。

讓我們來看看一種念茲在茲都是擁有的人：吝嗇鬼。對他來說，最自然不過的財產就是金錢和金錢的等價物，例如土地、房屋和流動資產等。他的大部分精力都花在保存財產上，而非用財產去做買賣或投機。他把自己看成一座堡壘：什麼東西都不許離開這座堡壘，所以除非絕對必要，否則一文不花。至於什麼是「絕對必要」，則取決於他的吝嗇程度。

有一種人雖然特殊，但並不少見：他們會剝奪自己生活的一切享受（例如美食、華服和體面的房子），為的是把開支減到近乎零。一般人對有人會這樣刻薄自己感到迷惑不解。但不要忘了，吝嗇鬼最大的樂趣正是體驗擁有感，他覺得「擁有」，比美、愛，或者任何感官或知性快感，更讓人愉悅。富有的吝嗇鬼有時看起來沒那麼小器。出於社會地位和為了維持良好的公眾形象，他可能會花幾百萬做善事或購買藝術品（先不論可以減稅）。然而，私底下，他可能嚴格控制開支，連非必要的郵資都捨不得花費，又或是採取強制措施，防止他的工人哪怕是偷懶一分鐘。（據班納特〔Bennet〕指出，汽車大王亨利．福特都是把襪子穿到破得不能再補，又因為怕妻子在商店偷偷買新襪子，他便在汽車上換襪子，把舊襪子扔在路上。）

吝嗇鬼不僅受節省物品的熱情所驅使，還熱中於節省精力、情感、思維，或其他所能「擁有」的東西。對他來說，精力有一個固定的額度，用完就沒有，無法補充。因此，除非絕對必要，任何消耗精力之舉都必須避免，因為那意謂著精力庫存量的減少。他避免不必要的體力勞動，做什麼都儘量在最短時間內完成。他通常使用刻板有序的方法來最大程度減少精力的消耗。這種態度常常體現在性行為上（主要見於男性）。對他來說，精液是最寶貴的產品，但數量有限，失去的就永遠失去了。（其實他很明白事實並非如此，但仍然忍不住那樣想。）因此，他必須把性行為減到最少，以求最低限度的損耗。我認識相當多的人因為既想「節能」，又

6 更完整的討論見《人類破壞性的剖析》。

覺得一定次數的性行為有益「健康」，便摸索出一套規則來兼顧兩者（這種情結有時是陽痿的根源）。

同樣地，吝嗇鬼往往在說話、感覺和思想上也很節省。他並不想把精力花在感覺或思考上，只求完成生活必須完成的任務。他對別人的喜悅和悲傷漠不關心，甚至連自己的也無所謂。他以對過去經驗的回憶作為鮮活經驗的替代品。這些記憶對他來說是珍貴的財產，他經常在腦海中重溫，就像數錢、數牛或數股票。事實上，對過去感覺或經驗的回憶，是他接觸自身經驗的唯一方式。他沒有什麼感覺，卻會多愁善感（sentimental）。「多愁善感」在這裡是指「無感覺的感覺」，那是一種思考的感覺，或在白日夢中夢見的感覺，而不是感知到的感覺。眾所周知的是，許多占有欲強、冷漠和甚至殘酷的人（這三種特徵往往一起出現），雖然對別人的真實痛苦無動於衷，卻會為電影的劇情掉淚——如果這些劇情讓他們想起自己的童年或在白日夢裡夢見的情景的話。

迄今為止，我們並未談到被擁有的事物的差異，也連帶忽略擁有它們的經驗的差異。最重要的差異，大概是無生命與有生命事物的差異。像金錢、土地和珠寶等無生命的事物不會和主人對抗，唯一的對抗可能來自那些威脅財產安全的社會和政治力量。對財產安全最重要的保障是法律和國家的武力（這武力是法律得以執行的保證）。那些有賴財產來建立內在安全感的人必然是保守分子，會積極反對企圖減少國家對壟斷武力的運動。

對於那些有賴擁有活物（尤其是人類）來建立安全感的人，情況就更加複雜了。他們同樣依賴國家的「強制執法」能力，但他們也面臨著來自他們所擁有的人的抵抗（這些人被改變成可以被擁有和控制的事物）。這種說法可能會受到質疑：有人會指出，有數以百萬計的人對被統治感到滿意，甚至寧願受到控制而非自由。在《逃避自由》（*Escape from Freedom*）一書裡，我試圖解釋這種「對自由的恐懼」和解釋不自由的吸引力何在。但這種外表上的矛盾並非不可解決。沒有安全保障的自由對那些沒有勇氣去冒險的人而言是可怕的。如果控制表現得不像控制，如果控制者擺出一副慈父臉孔，如果一個人覺得自己不是受控制的事物，而是受到監護的被愛子女，他就會願意放棄他的自由。但如果不使用偽裝，如果被擁有的事物意識到有什麼事發生在自己身上，他的第一反應必然是以各種方式和各種手段進行反抗。這個「孩子」以無可奈何的方式抵抗：破壞和阻撓，更具體的說是以尿床、便祕和發脾氣等作為武器。低下階層有時會用破壞或怠工來抵抗，但也常常直接訴諸反叛和革命（如歷史表明的那樣），這是新發展誕生時的陣痛。

無論以何種形式反抗宰制，都會對想要進行控制的人造成深遠影響。他必將發展出要控制別人的狂熱驅力，而這種驅力會成為一種荷載著色欲的激情。企圖擁有他人必然會導致施虐癖傾向，而施虐癖是最醜陋、最變態的激情之一。

最終極的擁有是擁有自己。「我擁有我自己」是指我被自己充滿，我就是我所擁有的東西，我擁有的東西就是我。這種類型的人的真正代表是徹頭徹尾的自戀者。他心中只有自己，他把整個世界變成他擁有的東西。除了那些被他納入財產範圍的事物，他對自己以外的任何人或任何東西毫無興趣。

消費是和「擁有」有基本相似性的經驗樣態。我們同樣可以輕易地區分功能性消費（理性消費）和非功能性消費（非理性消費）。

如果我因為飢餓而進食，或因為喜歡美食而進食，那麼我的進食是功能性和理性的[7]，它保證了我的整個身體——包括我的飲食品味——健康運行。但如果我是由於貪吃、憂鬱或焦慮而吃太多，那麼我的進食就是非理性的。它具有傷害性，不會在生理上或精神上對我有所增益。同樣的道理也適用於所有出於貪求和具有強迫性的消費，例如貪婪、毒癮、盲目購物和速食性愛。如今人們看似追求歡愉的極大性愛熱情其實只是貪求的表現，是企圖吞噬對方。那是兩個人——或其中一方——企圖完全占有對方。人們有時會用「我們撲向彼此」來形容他們最熱烈的性經驗。確實如此，他們像餓狼般撲向對方，基本的心緒是有敵意的占有欲而不是喜悅，更談不上愛。

以他人、食物或其他物品來填滿自己，是一種更古老的擁有形式。在最後一

7 參見我在《人類破壞性的剖析》對理性的討論。

種情形，我所擁有的物品仍然可能會從我手上被奪走（如別人透過強搶或詭計奪走），因此需要能保障我的地位的社會制度。

如果我攝入我想保有的東西，它就會完全安全。沒有人可以搶走我已經吞食的東西。這種類型的擁有，清楚見於嬰兒嘗試把任何東西都放進嘴裡，這是他第一個確保安全擁有的方法。當然，就物理性的物品而言，內攝的方法極具侷限性，嚴格來說只能發生在對身體無害的可食物品上。吃人肉的根源之一可能就在這裡：如果我相信一個人（特別是健壯勇敢的人）的軀體可以給人以力量，吃了他就相當於獲得一個奴隸，因此擁有額外的力量。

但有一種消費不一定要用嘴巴。最好的例子就是私人汽車。有人認為這是功能性財產，不是死財產。如果汽車真正發揮作用，它才具有功能，但事實並非如此。它不能刺激或啟動人的任何能力。它只是一種消遣，使人遠離自身，產生一種虛假的力量感，有助於根據人們駕駛的汽車品牌形成身分認同。汽車阻止人步行和思考，讓聚精會神的談話變得不可能，還會刺激競爭。我們需要一整本書的篇幅才能充分描述私人汽車代表的消費類型，其非理性和致病性功能。

總結：非功能性消費（也因此是病態消費）和重擁有的心態相似。這兩種經驗都削弱甚至摧毀了人的創造性發展，剝奪了他的生命力，把他變成一種「物」。我希望，隨著我們把擁有樣態和非功能性消費與其對立面相互比較之後（即重存在的生命樣態），它們將變得更加清晰。

Part 6

結論

如果「幸福」以人的身分而非工具的身分運作良好，
是一個人努力的最高目標，
那麼有兩種特定的方法可以實現這項目標：
突破自戀和突破生命的財產結構。

17 從擁有到幸福

如果「幸福」（本書開頭所定義的「幸福」）以人的身分——而非工具的身分——運作良好，是一個人努力的最高目標，那麼有兩種特定的方法可以實現這項目標：突破自戀和突破生命的財產結構。

自戀者傾向於把所有的興趣和熱情都指向自己：自己的身體、心靈、情感、興趣，等等。事實上，像納西瑟斯（Narcissus）[1]一樣，自戀的人可說是愛上自己——如果迷戀也能稱為愛的話。對自戀的人而言，只有他自己和關於他的事情才是完全真實的。他個人之外的事情和關於他人的事情，只在膚淺的感官意義下為真，也就是說只對感官和理智為真，不在更深的意義下為真。事實上，只有在外界

1 譯註：古希臘神話人物，因為愛上自己在湖中的倒影，憔悴而死。英語「自戀」（narcissism）一詞就是來自他的名字。

事物影響到他的情況下，他才會意識到它們的存在。因此，他沒有愛，沒有同情心，沒有理性和客觀的判斷。自戀的人在自己周圍樹立無形的牆。他就是一切，世界不算什麼。或者更確切地說，他就是全世界。

幾乎完全處於自戀狀態的極端例子是新生兒和瘋子，他們都沒有與世界聯繫的能力。（事實上，瘋子不是如佛洛伊德和其他人認為的那樣，完全與世界沒有關聯：他是從世界抽身。嬰兒則不能抽身，因為他尚未超出唯我取向而打開視野。佛洛伊德透過區分「初級」自戀和「次級」自戀來描述這兩者的差異。）但是，一直被忽視的是，正常成人也可能自戀，只是程度不如新生兒和瘋子極端。通常，自戀者會相當公然地流露他的自戀，儘管他沒有意識到這就是自戀。他開口閉口都是自己，對外在世界絲毫不感興趣。另一方面，這位「偉人」覺得自己是那麼有趣，因此希望別人會對他的自我展示深感著迷乃是理所當然的事。如果這個人聰明、風趣、迷人、有權勢、富有或知名，一般人對他展示自戀不會有什麼異議。然而，很多人往往試圖透過特別低調和謙卑隱藏他們的自戀，又或是以對宗教、玄學或政治問題的關注，顯示自己不是只對自己的事情感興趣。

自戀可以隱藏在很多不同的偽裝中，所以是所有心理品質中最難發現的一種，只有靠著勤奮和留神方可察覺。但是，一個人如果不能發現自己的自戀並大幅度加以削減，則通向自我完成之路就會受到阻礙。

與自戀相似又相當不同的是自我中心和自私，這些都是「重擁有」的生命樣態導致。生活在這種樣態中的人不一定非常自戀。他可能已經打破了自戀的外殼，對外在的現實世界有足夠的認知，不一定是「愛上自己」。他知道自己是誰，別人是誰，能區分主觀經驗和現實。然而，他希望擁有一切，給予、分享、團結、合作和愛，不會令他感到快樂。他是一座封閉的堡壘，不信任他人，只願意取而不願給予。他基本上代表了肛門—囤積性格（anal-hoarding character）。他孤單、與他人沒有連結，他的力量繫於他擁有並安全地保有財產之上。另一方面，非常自戀的人並不一定自私、自我中心或重擁有。他可能會很大方，樂意施予和體貼他人，儘管他還是會感受到別人不是完全真實的。但我們很容易看出自戀者的自發衝動是慷慨和施予，不是囤積和保有。由於自戀和自私這兩種取向很難完全區分，所以我們必須承認，為了成長，雙重突破很有必要：即突破自戀和突破重擁有取向。

克服自私的首要條件是有能力覺察到自私的存在。這比覺察到自戀還簡單，因為在這方面，一個人的判斷所受到的扭曲要少許多，讓人更容易意識到事實；也因為自私不容易隱藏。當然，洞悉自己的自我中心雖然是克服自我中心的必要條件，但絕非充分條件。第二步是覺察形成重擁有取向的根源，例如是出於無力感、還是出於恐懼生活？是出於恐懼不確定感、還是出於不信任他人？各種原因經常因為過於盤根錯節而難以根除。

覺察到這些根源還不是充分條件，必須同時在實踐中做出改變，讓自己較不那麼自私自利。必須學會放棄一些東西，去分享，並克服由這些開始改變的小步驟引起的焦慮。然後你會發現，當你預想著失去財物，你對失去自我的恐懼也會增強（財物是一個人自我意識的支撐物）。這意味著你不僅需要放棄一些財產，更重要的是放棄一些習慣、一些既定的想法、對自己地位的認同，甚至是口頭禪，或你在別人心中可能有的形象（或者人們希望他們擁有並試圖營造的形象），簡而言之，你必須從早餐到性行為等，各個領域都嘗試改變。這個過程會引起焦慮，但一旦克服焦慮，相信自己可以做到看似不可能做到的事情的信心就會增強，冒險精神也會增長。

在這個過程中，還必須嘗試走出自己，轉向他人。這是什麼意思呢？用文字來表達的話很簡單。一種描述的方式是：我們應該讓注意力被他人、自然界、各種觀念、藝術、社會和政治事件所吸引。我們要讓自己變得對世界感興趣。「感興趣」（interested）一詞來自拉丁文的 *inter esse*，後者的意義是「在其中」或「在那裡」，不是把自己關在自己裡面。這就好比有個人看到一座泳池然後描述泳池的樣子。他站在外面描述，描述得很準確，但毫無「興趣」可言。不過等他跳進泳池和渾身溼透之後再描述泳池，他的口吻就會像是另一個人在談另一座泳池。此時，他和泳池已不是彼此對立（不過也沒有變得等同）。興趣的形成意味著「跳入其中」，不再是個局外人或旁觀者，不再是個和所見事物有隔閡的人。當一個人有意志和決心跟他的自戀和自私決裂，當他有勇氣容忍間歇性的焦慮，他就有時會淺嘗到喜悅和力量的滋味。只有到了此時，會有一個決定性的新因素進入這個轉變的過程中。新的經驗會成為一個人繼續沿著他測繪出來的路徑前進的決定性動機。到那時為止，他的不滿足感和各種理性考量都可以引導他。但這些考量只會伴隨他一陣子。

如果少了新元素加入，人會失去力量。這個新元素就是對幸福的經驗：哪怕它是稍縱即逝和微小的，它仍然比一個人曾有過的一切經驗優越，足以成為驅動他繼續前進的最大動力，人也會從中不斷汲取力量，變得更強壯。

再總結一次：覺察、意志、實踐、容忍恐懼和容忍新的經驗，這些對個人的成功轉變都是必要的。到了某種程度，能量和內在力量的方向會發生改變，導致個人的身分認同亦發生改變。對重擁有的生命樣態來說，其座右銘是「我就是我所擁有的」（I am what I have），有所突破後，這座右銘會變成「我就是我之所行」（I am what I do）（這裡的「行」指非異化的活動），更簡單地說，是「我就是我之所是」（I am what I am）。

—— *Sigmund Freud's Mission: An Analysis of His Personality and lnfluente.* Vol. 21, ed. R. N. Anshen. New York: World Perspectives, Harper and Row, 1959.

—— *To Have or to Be?, Vol. 50,* ed. R. N. Anshen. New York: World Perspectives, Harper and Row, 1976.

Hegel, G. F. W. *Philosophy of Right,* Secs. 41, 45.

Horney, K. *Self-Analysis.* New York: W. W. Norton and Comp., 1942.

Illich, I. *Deschooling Society.*New York: Harper and Row, 1970.

—— *Medical Nemesis: The Expropriation of Health* New York: Pantheon, 1976.

Kierkegaard, S.: *Purity of Heart and to Will One Thing: Spiritual Preparation for the Office of Confession.* New York: Harper and Brothers, 1938.

Lazetto, M. C. The Path of the Just Man, 2nd ed., tr. S. Silverstein. Jerusalem and New York: Feldheim, 1974.

McGuire, W., ed. *The Freud/Jung Letters.*Princeton: Princeton University Press, 1974.

Marx, K. "Philosophical-Economical Manuscripts 1844," in E. Fromm, *Marx's Concept of Man.* New York: Frederick Ungar, 1961.

Mumford, L. *The Myth of the Machine: Techniques and Human Development.* New York: Harcourt, Brace and World, 1967.

Nyanaponika, M. *The Heart of Buddhist Meditation.* New York: Samuel Weiser, 1973.

Spinoza, B. de. *Ethics* New York: Oxford University Press, 1927.

Grundlagen des Fortschritts bestätigt durch wissenschaftliche Untersuchungen in die Transzendentale Meditation. Los Angeles: Maharishi International University, 1974.

Turnbull, C. M. *Wayward Servants: The Two Worlds of the African Pygmies.* London: Eyre and Spottiswoode, 1965. [123]

參考書目

Bern, S. I. "Property," in P. Edwards (ed.), The Encyclopedia of Philosophy. New York: Macmillan Comp. and the Free Press, 1967.

Brooks, C. V. *W. Sensory Awareness: The Rediscovery of Experiencing.* New York: Viking, 1974.

Eckhart, Meister. *Meister Eckhart,* tr. C. de B. Evans, ed. Franz Pfeiffer. London: John M. Watkins, 1950.

Eckhart, Meister. *Meister Eckhart: A Modern Translation,* tr. R. B. Blakney. New York: Harper Torchbooks, Harper and Row, 1941.

Edwards, Paul, ed. *The Encyclopedia of Philosophy.* New York: Macmillan and The Free Press, 1967.

Fišer, *Z. Buddha* Prague: Orbis, 1968.

Freud, *S. Character and Analeroticism,* S. E. Vol. 9, 1908.

Freud, S. *The Standard Edition of the Complete Psychological Works of Sigmund Freud (S.E.),* 24 Vols., ed. J. Strachey. London: Hogarth Press, 1953-74.

—— *The Origins of Psycho Analysis,* S.E. Vol. 1 (1954).

—— *Character and Analeroticism, S.E.* Vol. 9 (1908).

Fromm, E. *The Anatomy of Human Destructiveness.* New York: Holt, Rinehart and Winston, 1973.

—— *Escape from Freedom.* New York: Farrar and Rinehart, 1941.

—— *The Forgotten Language: An Introduction to the Understanding of Dreams, Fairy Tales and Myths.* New York: Rinehart and Comp., 1951.

—— *Greatness and Limitations of Freud's Thought.* New York: Harper and Row, 1980.

—— *Man for Himself: An Inquiry into the Psychology of Ethics.* New York: Rinehart and Comp., 1947.

—— *The Sane Society.* New York: Rinehart and Winston, 1955.

存在的藝術
藉由創造性自我覺察，實踐生活的藝術，
達到真正的快樂與幸福
The Art of Being

作　　者　埃里希・佛洛姆（Erich Fromm）
譯　　者　梁永安
副 社 長　陳瀅如
責任編輯　翁淑靜
特約編輯　沈如瑩
封面設計　鴻雅工作室
內頁排版　洪素貞
行銷企劃　陳雅雯、張詠晶

出　　版　木馬文化事業股份有限公司
發　　行　遠足文化事業股份有限公司 (讀書共和國出版集團)
　　　　　231新北市新店區民權路108-4號8樓
電　　話　（02）22181417
傳　　真　（02）22180727
電子信箱　service@bookrep.com.tw
郵撥帳號　19588272木馬文化事業股份有限公司
客服專線　0800-221-029
法律顧問　華洋法律事務所 蘇文生律師
印　　刷　呈靖彩色印刷有限公司
初　　版　2024年1月
初版3刷　2024年6月

定　　價　400元
I S B N　978-626-314-528-3（紙本）
　　　　　978-626-314-532-0（PDF）
　　　　　978-626-314-531-3（EPUB）

存在的藝術：藉由創造性自我覺察，實踐生活的藝術，達到真正的快樂與幸福 / 埃里希．佛洛姆 (Erich Fromm) 著；梁永安譯．-- 初版．-- 新北市：木馬文化事業股份有限公司出版：遠足文化事業股份有限公司發行，2024.01
　面；　公分
譯自：The art of being.
ISBN 978-626-314-528-3(平裝)

1.CST: 精神分析學

175.7　　　　112016594